Mihály Horváth, Adolf Dux

Auf Ludwig Kossuth's neuere Briefe

Übersetzt von Adolf Dux. Vom Verfasser autorisirte deutsche Ausgabe

Mihály Horváth, Adolf Dux

Auf Ludwig Kossuth's neuere Briefe
Übersetzt von Adolf Dux. Vom Verfasser autorisirte deutsche Ausgabe

ISBN/EAN: 9783743606784

Hergestellt in Europa, USA, Kanada, Australien, Japan

Cover: Foto ©ninafisch / pixelio.de

Weitere Bücher finden Sie auf **www.hansebooks.com**

AUF
LUDWIG KOSSUTH's
NEUERE BRIEFE
MICHAEL HORVÁTH.

VOM VERFASSER AUTORISIRTE DEUTSCHE AUSGABE.

Uebersetzt von Adolf Dux.

„Nous sommes arrivés au temps où un grand nombre d'hommes et peut-être des générations entières demandent la vérité seule et non des idolâtries comme des vindictes de partis.

„La vérité est faite pour l'âge mûr des peuples, il n'y a que ... dont ils se puissent nourrir et se fortifier. Les pro... l'enfance, la jeunesse ; nous commençons, il me semble, à en sortir, ne jouons plus avec nous mêmes.

„Notre temps veut espérer à tout prix, et il a bien raison. Mais notre espérance ne doit pas être un mot ; elle ne peut se bâtir sur le hasard. Travaillons à découvrir des idées justes et nouvelles ; car elles entrent dans l'esprit des hommes, et y produisent la justice, d'où naît l'avenir. C'est ainsi que la vie se développe et que l'espérance est raisonnable."

E. QUINET.
La Révolution. Préface

Als ich meinen an den Szegediner „Liberalen Club" gerichteten Brief schrieb, wusste ich im voraus, dass die Dinge, welche ich darin sagte, nicht nach Jedermanns Geschmack sein, und dass sie hauptsächlich die Galle jener erregen werden, welche unsere Nation mit Gewalt glauben machen wollen, dass die 1867-er Grundgesetze die avitische Freiheit der Ungarn begraben, unser Land zu einer österreichischen Provinz erniedrigt haben. Ich wusste, dass mein Brief auch Jenen nicht gefallen werde, welche den Schwächen unseres Stammes (denn auch wir sind wohl nicht besser als die gewöhnlichen hinfälligen Sterblichen, noch sind wir frei von allen Fehlern und Schwächen), welche — sage ich — den Schwächen unseres Stammes fortwährend schmeicheln, ihn zu blindem Selbstvertrauen anfeuern, zu ihm stets so sprechen, als ob er eine der stärksten und mächtigsten Nationen der Welt wäre, eine Nation, die mit den Deutschen, Franzosen, Engländern mindestens auf einem gleichen Niveau der Kraft und Macht steht, — oder welche in verblendeter Dünkelhaftigkeit unsere sechs, sieben Millionen zählende Nation als so gross, so mächtig proklamiren, dass sie der Weisheit, Mässigung gar nicht bedarf und nur zu wollen braucht, damit alles so geschehe, wie sie es wünscht, — dass sie es gar nicht nöthig hat, ihr Verfahren, ihre Politik ihrer Kraft und den Umständen anzupassen, und mit diesen weislich zu rechnen, — denn die Kraft unserer Nation ist ja, wie sie sagen unüberwindlich, und die Umstände werden sich ihr ja anbequemen, so wie sie es will.

Ich wusste im voraus, dass alle diese weisen, die Nation beglückenden Männer sich gegen mich erheben werden, der ich es wagte, die Wahrheit zu sagen, einige historische Thatsachen ohne Schmeichelei vorzubringen. Ich bin alt genug, um zu wissen, dass die mitten unter Parteikämpfen ausgesprochenen Wahrheiten nur der einen Partei gefallen können, und dass sie, mögen sie noch so ins Auge fallend und unwiderleglich sein, von der Gegenpartei nicht allein nicht anerkannt werden, sondern auch, gerade weil sie unwiderlegich sind, gegen den, welcher sie geschrieben, die ganze Wuth der Gegner heraufbeschwören. Anstatt objectiver Widerlegungen, deren diese unfähig sind, nehmen sie zu Entstellungen ihre Zuflucht, trachten sie den Credit des Verfassers durch persönliche Angriffe vor den Augen der Masse zu schwächen, die, möge sie noch so verständig sein, mit ihrem einfachen, unentwickelten Denkvermögen sich nicht zu den Höhen der Staatspolitik zu erheben vermag. Finden sie an dem öffentlichen Charakter des Verfassers in der Vergangenheit nichts zu tadeln, so verdächtigen sie dessen Zukunft, entstellen sie die Motive seiner Handlungsweise; und weil sie diese in ihrer Weisheit nicht einsehen, oder in ihrem selbstlosen guten Willen nicht einsehen wollen, so ist nichts natürlicher, als dass „er sich verkauft hat, und für seinen Verrath mit einem Amt, einer Würde belohnt sein will."

Auf solche Argumente kann ein Mann, der auch nur einiges Selbstgefühl besitzt, nicht antworten; ihm genügt das Bewusstsein seiner reinen Vaterlandsliebe, seiner das Wohl seiner Nation bezweckenden Bestrebungen, und der Achtung der wahrhaften Patrioten. Auch ich habe auf die widerspruchsvolle Verdächtigung des Herrn Csernátony nicht geantwortet, dass ich mit meinem Szegediner Brief ein Bisthum anstrebe, bei derselben Regierung, die zu ohnmächtig war, mir gegen die Rache Roms eine Stelle zu verschaffen" — Noch weniger Neigung kann ich verspüren, auf die Schmähungen der „Magyar Ujság" zu antworten. Von diesem Blatte, welches auf alle Patrioten, die über seinem Niveau stehen, mögen sie zur Rechten oder Linken gehören, Gift und Galle speit, ist es ein Ruhm geschmäht zu werden.

Aber neuestens hat auch Ludwig Kossuth in seinem an die Fünfkirchner Wähler gerichteten Schreiben meinen Szegediner Brief seiner Aufmerksamkeit gewürdigt. Verdammung tönt mir auch von ihm entgegen. Allein anstatt dass er sich bestrebt hätte, jene Thatsachen zu widerlegen, die ich zur Beleuchtung unserer Angelegenheiten mit voller historischer Treue als eben so viele Lehren für die Gegenwart angeführt hatte, versenkt er sich in allgemeine Untersuchungen über den Charakter und die Erfordernisse der staatlichen Unabhängigkeit, und konstatirt, was ja auch ich behauptet hatte, dass wir keine a b s olu t e, v o l k o m m e n e Unabhängigkeit besitzen. Der Unterschied zwischen uns ist nur der, dass wir nach ihm diese v o l l k o m e n e Unabhängigkeit mit der Annahme der 1867-er Grundsätze, nach meiner Meinung aber mit der Mohácser Schlacht, vor mehr als drei Jahrhunderten verloren haben; nach ihm müssten wir die Abschaffung dieser Grundgesetze und die Wiedererlangung unserer v o l l k o m m e n e n Unabhängigkeit anstreben; meines Erachtens jedoch muss man diese Grundgesetze im Wesentlichen — denn ich selber leugne nicht, dass manche Modifikationen möglich, ja wünschenswerth sind — um jeden Preis aufrecht erhalten, denn sie sichern uns das Mass von Unabhängigkeit, welches wir eben ertragen können, das uns bei unseren Verhältnissen gebührt, sie sichern unseren Konstitutionalismus vor ähnlichen Angriffen, die er drei Jahrhunderte hindurch erlitten; wir dürfen demzufolge die neuen Grundgesetze nicht blos nicht aufgeben für die Phantasiegebilde einer absoluten, vollkommenen Unabhängigkeit, die uns bei unseren Verhältnissen seit drei Jahrhunderten unerreichbar war, (denn wenn wir nach denselben noch ferner haschten, so würden wir unserem Untergang entgegen treiben); sondern wir können auch kühn behaupten, dass unsere Vorfahren durch drei Jahrhunderte gefehlt haben, dass auch wir Lebenden einen Fehler begingen im Jahre 1848, weil wir es versäumten, einen solchen unsere Existenz und Konstitution sichernden Grundvertrag abzuschliessen, wie der, welcher uns seit 1867 sichert.

Dieser Angriff gegen mich erfolgt jetzt von einem Manne mit glänzender Vergangenheit; von einem Manne unter dessen Fahne ich selbst einst in erster Reihe stand, als es galt, das Wohl des Vaterlandes und seine ungerecht, gewaltsam angegriffenen Rechte zu vertheidigen; dieser Fahne jedoch auch ferner noch zu folgen, müsste ich, weil sie meiner innigsten Ueberzeugung nach unserer Nation den Untergang bringen würde, meinerseits ebenso für einen Verrath an der Nation halten, wie ich es an Ludwig Kossuth entschieden verdammen muss, dass er sie auch unter den veränderten Umständen so hartnäckig emporhält.

Diese Fahne war damals das Banner der Nation, unter dessen Schutz sich die in einem ungerechten Kriege angegriffenen, mit Füssen getretenen sämmtlichen Rechte der Nation flüchteten. Sie zu verlassen gestattete mir damals mein uneigennütziger Patriotismus nicht, wiewol mir für meine Treue die Gefährdung, der Ruin meiner hohen Stellung, meiner materiellen Interessen, ja meines Lebens drohte.

Diese Fahne ist jetzt ein Parteibanner, welchem hier in der Heimath, — wenn ich die leicht irrezuführende Masse nicht rechnen will, die unfähig ist, die verwickelten Angelegenheiten des Landes aufzufassen, zu beurtheilen, die also auch eine Richtung nicht geben, sondern höchstens annehmen kann, — von der gesammten sogenannten Intelligenz blos einige befangene Vertrauensselige, und ausser ihnen wenige Rotten von schlechtem oder doch mindestens verdächtigem Charakter folgen, von denen sich jeder rechtschaffene Patriot mit Verachtung abwendet, indem er zugleich mit aufrichtigem Bedauern an Kossuth denkt, der es gestattet, dass sein in der Vergangenheit so glänzender Name durch dergleichen Leute verdunkelt, dass seine partriotischen Verdienste zur Verleitung des Volkes, zum Verderben des Landes ausgebeutet werden. Dieser Fahne kann ich jetzt nicht mehr folgen, wo die Rechte der Nation keinerlei tyrannische Gewalt, keinerlei Gefahr bedroht, wo die Angesichts des Landes versammelten gesetzlichen Vertreter der Nation, die an Geist und Charakter ausgezeichnetsten Persönlichkeiten des Landes nach langer, reiflicher Ueberlegung, man kann sagen unter Billigung der gesammten vaterländischen Intelligenz, selbsständig und frei, unter gehöriger Würdigung der Macht der Verhältnisse, ohne ein irgendwie haltbares und nützliches Recht der Nation aufzugeben, aber auch ohne unrealisirbaren Phantasiegebilden nachzujagen, über das Geschick des Landes und der Nation verfügten und noch verfügen. O dass doch der grosse Schmerz in Kossuths, durch die stürmischen Schicksalsschläge verwundetem, patriotischen Herzen gelindert würde, dass er klar einsehen und sich davon überzeugen könnte, dass es heisst, sich dem Willen der Nation widersetzen, die kaum geschaffenen Grundgesetze verletzen, und die Nation, das Vaterland im Falle des Gelingens der fortgesetzten Wühlereien in Wirren stürzen, deren Ausgang nicht abzusehen, die Verderben und Untergang erzeugen können, — wenn er die Fahne, die er einst ergriff und mit so viel patriotischer

Entschlossenheit und Glorie schwang, auch jetzt noch, nachdem der Wille der Nation sich freiwillig, gesetzlich geäussert, flattern und wehen lassen will.

Ich muss also auf die Angriffe jenes Mannes antworten, der, mein ehemaliger Führer, dieses Banner im Jahre 1849 entfaltete und es seither, auch trotz der veränderten Umstände, noch immer wehen lässt. Und in meiner Erwiderung muss ich darthun, dass er entweder den Sinn meines Szegediner Briefes missdeutet hat, oder dass seine Augen, geblendet von dem Strahlenglanze seiner grossen Vergangenheit, die lehrreichen Thatsachen nicht sehen, die sich gleichsam als Resultate aus unserer Geschichte der letzten vierthalb Jahrhunderte ergeben, dass seine Blicke, statt an der nackten Wirklichkeit, immer an jenen bezaubernd schönen und einst auch von mir geliebten Phantasiebildern hängen, welche das Andenken des 14. April, wie es scheint, unauslöschlich in seine Seele geprägt hat.

Möge mir Ludwig Kossuth indessen gestatten, dass ich nicht blos auf den gegen mich gerichteten Angriff antworte. Der Glanz, die Verdienste seiner Vergangenheit sind so gross, seine Genialität ist so blendend, sein Styl so bezaubernd schön, und aus all diesen Gründen sein Name so strahlend, dass ich fürchte, er habe mit seinem Fünfkirchner Briefe wieder wie mit den früheren Sendschreiben einen Brand in die Zündmasse geschleudert; er habe wieder diejenigen, die zu denken entweder keine Lust oder keine Fähigkeit besitzen, mit seinem schönen Style auf Abwege geleitet, mit welchem er unzählige Unrichtigkeiten verkündet. Anderseits stellte ich die aus unserer Geschichte fliessenden Lehren in meinem Szegediner Brief so bündig dar, dass nur diejenigen sie für genugsam motivirt halten können, die in der Geschichte besser bewandert sind; die grosse Masse der Bürger unseres Landes hingegen ist gegen Verdrehung und Missdeutung meiner Behauptungen nicht genugsam gesichert. Deshalb, sage ich, möge mir Ludwig Kossuth gestatten, dass ich meine gegenwärtige Schrift nicht allein an ihn, sondern zugleich an unser Volk richte, welches wohl gesunden Verstand besitzt, aber leider in Ermangelung höherer Bildung durch klangvolle, schöne Worte, durch den Apell an die nationale Grösse und Glorie leicht zu verführen ist; und dass ich durch mein schwaches Wort, so weit ich es im Stande bin, es vor den Sirenenklängen warne, die das Volk, wenn es ihnen folgte, ins Verderben stürzen würden.

Ich hielt es für räthlicher und nicht ohne wichtigen Grund, meine Erwiderung lieber in einer selbstständigen Flugschrift als in den Zeitungen der Öffentlichkeit zu übergeben.

I.

Der unsere Lage darstellende Szegediner Brief.

„Wonach wir während der langen achtzehn Jahre drückender Willkürherrschaft mit fast schon schwindender Hoffnung seufzten, das gewährte uns vor einigen Monden endlich die göttliche Vorsehung: Unsere Verfassung, unsere nationale Unabhängigkeit wurden rekonstituirt, und zwar in einer Weise, wie wir dies während der vorübergegangenen Epoche der Leiden auch nur zu hoffen kaum mehr wagten.

Und siehe da, kaum waren die ebenso heissen als gerechten Wünsche der Nation erfüllt, als auch schon eine extreme Partei entstand, die sich bestrebt, die neu geschaffenen Grundlagen unserer Nationalrechte umzustürzen, und das auf jenen mit so vieler Mühe und unter tausend Schwierigkeiten aber hoffnungsvoll sich erhebende Staatsgebäude in Trümmer zu werfen.

Ich will nicht untersuchen, welcher Art die Motive sein mögen, die diese Partei zu einer solchen Handlungsweise bewegen; aber sie mögen nun in einem, durch geistige Beschränktheit verursachten wohlgemeinten Irrthum, oder in übles bezweckenden Leidenschaften ihren Grund haben: innerlich bin ich davon überzeugt, dass im Falle ein derartiges Streben sein Ziel erreichte, nur das Vaterland, dessen Freiheit und Prosperität den Schaden davontrügen.

Ich, der ich unsere Geschichte seit dreissig Jahren

nach allen Richtungen hin eingehend durchforsche, bin, wie ich glaube, vollkommen berechtigt, bestimmt zu behaupten, dass nach vierthalbhundertjährigen verhängnissvollen Kämpfen unsere staatsrechtlichen Beziehungen erst jetzt endlich auf eine solche Grundlage basirt sind, auf welcher unsere Verfassung und nationale Unabhängigkeit, insoferne dies von uns, dem an Zahl schwachen und nicht eben unter günstigen Verhältnissen bestehenden Volke vernünftigerweise abhängen kann, vollkommen gesichert ist gegen solche Angriffe, wie sie dieselbe in der Vergangenheit unaufhörlich gefährdeten.

Unsere Nation fühlte sich nach langen schweren äusseren Kämpfen und inneren Zwistigkeiten so erschöpft und geschwächt, dass sie es zur Sicherung ihres Bestandes, ihrer Existenz unumgänglich nöthig erachtete, mit einem Nachbarstaate in einen Verband zu treten und dessen Schutzkraft in Anspruch zu nehmen. Aber was die Nation derart durch die That eingestand, das schämte sie sich, stolz auf ihre einstige Macht, auch in Worten bestimmt auszusprechen, und ihre staatlichen Verhältnisse mit einem, dem neuen Verbande entsprechenden Vertrage und dadurch bedingten Institutionen zu ordnen. Ja, wiewohl es unmöglich war, nicht einzusehen, dass sie für die in Anspruch genommene defensive Hilfe auf einige Rechte ihrer einstigen **absoluten** Unabhängigkeit verzichten müsse: affektirte sie in ihrer falschen Scham fortwährend den äussern Schein dieser absoluten Unabhängigkeit, und bestrebte sich, diese durch einige todtgeborene Gesetze zu umschanzen. Doch die Praxis erwies diese verkehrte nationale Politik als eitle Selbsttäuschung. Während der Buchstabe des Gesetzes immer häufiger und in immer höher tönenden Worten die absolute nationale Unabhängigkeit zu sichern schien, gingen uns faktisch einige überaus wesentliche Elemente derselben verloren. Die

Verfügung über das gesammte direkte und indirekte Staats-Einkommen (mit Ausnahme der geringen, 4—5 Millionen betragenden Kriegssteuer, die vom Votum der Diäten abhängig blieb) — die Verwendung der Heeresmacht, mit Ausnahme der Insurrektion, — die sämmtlichen auswärtigen Angelegenheiten, und was die klägliche Verarmung der Nation nach sich zog, die Regelung und Verwaltung der materiellen Interessen — dies Alles gelangte in die Hände der Fremden.

Die Nation fühlte schmerzlich, wie sie immer mehr herabkam; dennoch zögerte sie aus falscher Scham noch immer, das zu thun, was allein das Uebel gründlich heilen konnte, mit den unabänderlichen Verhältnissen zu rechnen und die Details des Verbandes mit Oesterreich präcis zu regeln. Statt dessen wiederholte sie immer und immer wieder die Sysiphusarbeit, die unter den gegebenen Verhältnissen schon vollständig unmöglich gewordene einstige absolute Unabhängigkeit von Zeit zu Zeit in einem allgemeinen Gesetze stets von Neuem zu proclamiren.

So kamen nach zahlreichen ältern, die auf die pragmatische Sanktion bezüglichen 1723-ger, so die 1790-ger und 1825-ger Gesetze dieser Gattung zu Stande.

Doch das Leben blieb immer stärker als die todten Buchstaben des Gesetzes, und die Unterlassung dessen, was allein unserem Uebel hätte abhelfen können, des offenen, ehrlichen Rechnens mit den Verhältnissen, rächte sich eben so oft. Nicht allein wiederholten sich die Verletzungen der Konstitution und der nationalen Autonomie fortwährend, sondern die Nation, die mit dem mächtig vorwärtsstrebenden Zeitalter nicht Schritt halten konnte, weil unter solchen Umständen die intellektuelle und materielle Entwickelung vollständig unmöglich wurde, kam immer mehr herab.

Die Nation, die ihr beschämendes Zurückbleiben

fühlte, bestrebte sich mit riesiger Kraftanstrengung aus der Stagnation sich herauszuwinden; doch sie hatte es versäumt, mit den durch drei Jahrhunderte zur Entwickelung gebrachten Verhältnissen, die aus dem Verbande mit Oesterreich stammten, zu paktiren, und alle Anstrengungen von Verstand, Kraft, und einem so heiligen Willen führten leider zu einem nur zu geringen Resultate.

Es kam endlich unerwartet, unter günstigen Umstände, Erlösung im Schosse bringend, das Jahr 1848. Wacker benützten wir die überaus günstigen Umstände. Wir heilten alle Gravamina unserer Verfassung, und was mehr, schwangen uns, die wir soweit zurückgeblieben waren, mit einem mächtigen Satze auf das Niveau der modernen europäischen Staaten. Wir propften in unsere Institutionen die Ideen und Errungenschaften Europas; wir hoben die Stände-Klassen und Zünfte auf, und indem wir die soziale Gleichberechtigung proklamirten, befreiten wir das Individuum, den Boden, die Arbeit und die Industrie. Zur Sicherung unserer Verfassung und staatlichen Unabhängigkeit setzten wir eine verantwortliche, parlamentarische Regierung ein.

In einem unendlichen Freudenstrome schwamm die Nation über ihre unblutig ausgeführte Revolution. Bis auf sehr wenige Scharfsichtige glaubten wir alle, nun sei Alles gewonnen; in der überströmenden Freude unseres Herzens sahen wir das Vaterland auf gebahnten rosenbestreuten Pfaden vorwärtsschreiten, nie erlebtem Wohlstand und Reichthum, der Macht und Bildung entgegen gehen. Und ach! was war die Ursache, dass die Phantasiegebilde der lieben Hoffnungen so rasch zerstoben, und wir Alle zu einer traurigen, niegeahnten schrecklichen Wirklichkeit erwachten?

Täuschen wir uns nicht selbst, geehrte Mitbürger! Lassen wir durch die falsche Scham, die so viele Jahrhunderte hindurch die Hauptquelle unserer Leiden war, nicht auch jetzt unsere Zunge fesseln, sondern erkennen wir unbefangen unsere Verhältnisse, sehen wir mit der Männern geziemenden Offenheit der Wirklichkeit ins Auge, und sprechen wir die Wahrheit aus, frei und unverhüllt! Wir waren wieder in den so oft begangenen, Jahrhunderte alten Fehler gerathen. Wieder hatte uns die gefährliche Charakterschwäche unserer Nation die Selbstüberhebung befallen. In unserer falschen Scham versäumten wir wieder den Verband zu würdigen, in welchen uns die Macht der Ereignisse von Jahrhunderten mit Oesterreich verknüpfte. Und anstatt dass wir bestrebt gewesen wären, die Verhältnisse und Details dieses Verbandes dauernd zu regeln, als wir unser Geschick selbst in der Hand hielten, proklamirten wir in unserem Uebermuthe nach alter Weise wieder, und entschiedener als jemals, unsere absolute Unabhängigkeit, ohne dass wir bedacht hätten, dass diese unter den damaligen europäischen Verhältnissen noch unmöglicher war, als wann immer vor den verflossenen drei Jahrhunderten.

Was die Folge dieses Missgriffes war, den die damals schon rege Reaktion alsbald mit Benützung aller Kabalen und Intriguen ausbeutete, das wissen wir Alle, das fühlten wir Alle schwer. In Folge unseres Missgriffes wuchsen die von der Reaktion aufgehetzten Wirrnisse von Tag zu Tag in riesigem Maasse. Und statt dass wir uns bestrebten den Fehler rasch wieder gut zu machen, liessen wir uns in Agitationen ein, mitten unter den sich häufenden Schwierigkeiten belasteten wir uns gegenseitig mit Verdächtigungen; die reinsten Patrioten brandmarkten wir als Verräther; die Gefahr, die Gährung trieb die bösen Leidenschaften auf die Oberfläche, und diese stellten sich an die Spitze der Parteien, diese zerfleischten sich gegenseitig.

Es gab mehrere Parteioberhäupter, aber in dem erbitterten Kampfe dieser letzteren fand die Nation unter so vielen Ausgezeichneten nach den vielen Verdächtigungen keinen Charakter, in dem sich das Vertrauen Aller begegnet hätte. Das Resultat war ein schrecklicher Sturz, der die nationale Existenz an den Rand des Unterganges riss.

Aber Dank unserer zweiten nationalen Eigenschaft, die in Zeiten der Gefahr so viel Zähigkeit, so viel passive Energie mit solchem Takte zu entwickeln weiss: wir gingen nicht zu Grunde! — Und Dank auch jenem weisen Manne, der in seiner wahrhaft providentiellen Mission endlich einmal klar die Quelle unserer Jahrhunderte alten Uebel und vergeblichen Kämpfe erkannte, und unsere Nation einerseits und den Fürsten andererseits dahinbrachte, dass jene endlich die gebieterischen Ansprüche der aus der Situation fliessenden Nothwendigkeit anerkannte, und den absoluten Forderungen entsagte, die unter ihren Verhältnissen faktisch unmöglich, in ihrem Staatsleben bisher so viel Leiden und so langes Zurückbleiben verursacht hatten; — und dass dieser, der Fürst, die gerechten nationalen Ansprüche anerkannte und in Ehren hielt; dass beide endlich, Nation und Fürst, einen solchen Vertrag acceptirten und als neue Grundlage unseres Staatsrechtes sanktionirten, der geeignet war, sowohl die Postulate unseres Verbandes zu befriedigen, als auch die wesentlichsten nationalen Rechte zu sichern und deren Ausübung zu ermöglichen.

Und wirklich, die acceptirte staatsrechtliche Basis hat sich seit ihrem einjährigen Bestehen nach jeder Richtung hin als so lebensfähig erwiesen, dass einerseits die auch zu unserem Bestehen bedingte Macht und das Ansehen des durch die Konflikte geschwächten Reiches von Tag zu Tag augenscheinlich wuchsen, und andererseits unser nationales Staatsleben mit verjüngter Kraft auf dem Pfade der reichen Entwickelung bereits vorwärts zu schreiten beginnt, so zwar, dass wir mit Gewissheit hoffen können, in wenigen Jahren, wenn der Himmel einen dauernden Frieden gewährt, dahin zu gelangen, dass nicht blos die uns während der 18 Jahre der Gawaltherrschaft geschlagenen Wunden heilen werden und das Zurückbleiben ausgeglichen sein wird, sondern dass das Vaterland sich auch einer Blüthe wird erfreuen können, die unsere, an Zahl geringe, an materieller und intellektueller Entwickelung weit hinter den grossen Völkern des Westens zurückstehende Nation nur in ihrem gegenwärtigen Staatsverbande zu erreichen im Stande ist.

Es ist demzufolge unmöglich dasjenige Bestreben, welches diese ihrem Wesen nach für uns einzig mögliche, einzig heilsame Staatsgrundlage zu erschüttern, und umzustossen sich als Ziel gesetzt hat, nicht als Unvernunft, um nicht zu sagen, als bösen Willen zu betrachten, der auf jede Weise und um jeden Preis die Verwirrung wünscht. Es ist unmöglich, Behauptungen, um uns des sanfteren Ausdruckes zu bedienen, nicht als unbedachtesten Leichtsinn und strafbaren Uebermuth zu brandmarken, Behauptungen wie die, dass der Ausgleich auf Grundlage gemeinsamer Angelegenheiten unsere konstitutionelle Freiheit untergrabe, die 48-ger Gesetze umstürze. Unsere Konstitution hat seit vierthalb Jahrhunderten niemals auf sichererer Grundlage geruht, unsere Freiheit hatte niemals so viele Garantien, seit Jahrhunderten konnten wir trotz des 10. Artikels 1790 niemals mit so viel Freiheit und Unabhängigkeit über unsere Staatsangelegenheiten entscheiden; und um dem verderblichen Krieg auszuweichen, mussten auch die 48-ger Gesetze sich derart entwickeln.

Wenn in uns Lebensfähigkeit vorhanden ist, so können wir uns auf dieser Basis alle Bedingungen der nationalen Prosperität erwerben, die uns vielleicht noch fehlen, während im Gegentheil mit dem Umsturze dieser Grundlage das schwache Schiff unseres Staates wieder, wie im Jahre 1848, und vielleicht in noch gefährlichere Fluthen hinausgestossen würde.

Klammern wir uns daher um jeden Preis an diese Grundlage, und bestreben wir uns, auf derselben unser staatliches und nationales Leben nach allen Richtungen hin zu entwickeln, was uns bei dem Umstande, dass wir so weit zurückgeblieben sind, auch sehr nöthig ist.

Dies Alles haben auch Sie, geehrte Mitbürger, ebenso aufgefasst und ebenso eingesehen, wie ich, denn nur eine ähnliche Ueberzeugung konnte Sie bewegen, zur Paralysirung der Bestrebungen der extremen Partei den Szegediner „Liberalen Club" („Szabadelvü kör") zu konstituiren. Die Thatsache, dass Sie zum Ehrenrepräsidenten dieses Clubs jenen grossen Sohn unseres Vaterlandes wählten, dem wir die Gründung dieser gesunden, das zukünftige Aufblühen unseres Vaterlandes verwirklichenden Basis zu danken haben, — lässt mich auch nicht einen Augenblick daran zweifeln, dass jenes Verständniss, jene Ueberzeugung, dem „Liberalen Club" sein Dasein gab.

Deshalb fühle ich mich doppelt geschmeichelt, dass Sie mir die Ehre erwiesen, unter jenem Leiter des Klubs auch mich zu dessen Ehrenmitglied zu wählen.

Genehmigen Sie" u. s. w.

II.

Sind die Behauptungen des Szegediner Briefes richtig?

Als ich diesen Brief schrieb, glaubte ich — und ich glaube es heute noch, — dass auch auf uns vollkommen passe, was Edgar Quinet in seinem geistreichen Buche über die französische Revolution seinen Landsleuten sagt:

„Wir sind nun schon in das Alter gelangt, wo sehr Viele, wo ganze Generationen die nackte Wahrheit fordern, ebenso fern von der Verhimmelung, wie von der Rache der Parteien.

Die Wahrheit taugt für das reife Alter der Völker. Diese können sich nur mit Wahrheit nähren und stärken. Die Täuschungen (Schmeicheleien und Versprechungen) reizen nur das Kindheits- und Jünglingsalter; doch wir, glaube ich, beginnen bereits aus diesem Alter zu treten. Täuschen wir uns also nicht länger.

Unsere Zeit will um jeden Preis hoffen, — und sie thut recht daran. Aber unsere Hoffnung sei kein blosses Wort; sie kann nicht auf einem Zufall, einem Ungefähr beruhen. Bestreben wir uns, neue und wahre Ideen zu entdecken, denn diese ziemen dem menschlichen Geiste, und sie erzeugen in demselben die Wahrheit, welche die Zukunft gebiert."

Sollte ich mich etwa getäuscht haben, als ich glaubte, dass diese, durch den französischen Schriftsteller ausgesprochenen tiefen Wahrheiten und Hoffnung erweckenden Worte auch auf unser Volk schon passen?

Ich glaube nicht. Das ungarische Volk, welches vorzüglich seit vierthalb Jahrhunderten so viele Widerwärtigkeiten überstanden hat, das an seinem eigenen Schaden so viel hat lernen können, das ungarische Volk halte ich nach diesen Erfahrungen nun schon für zu reif, als dass es nicht fähig wäre, die, wenn auch bittere Wahrheit, zu ertragen. Ich sehe zwar und erfahre, dass es unter uns auch solche noch giebt, die, gleich Kindern und unreifen Jünglingen, nur an schmeichlerischen Lobsprüchen, an tönenden Ruhmredereien sich erfreuen, und erbost sind, wenn du, die Wahrheit sagend, ihre Schwächen und Fehler erwähnst. Und leider, es gibt auch Solche, die so vielen bitteren Erfahrungen zum Trotze, ihren Patriotismus noch immer darein setzen, mit ihren Beweihräucherungen die Nation zu täuschen, mit ihren einlullenden Schmeicheleien die Masse zu verhindern, das sie zur rechten Erkenntniss ihrer selbst und der Wahrheit gelange.

Ich aber glaube, die verständige Wahrheit ist schon dem Kinder- und unreifen Jünglingsalter entwachsen, sie begnügt sich nicht mehr mit Lobhudeleien, in klingenden, schönen Worten ausgesprochen, oder mit glänzenden Phantasien; sondern sie will, möge diese nun herb, möge sie bitter sein, die Wahrheit hören, denn nur dies e ziemt dem Geiste des gereiften Mannes, nur auf dieser kann die Hoffnung der Zukunft beruhen.

Ich glaube, jene Unmündigen mit dem Kinderverstande sind nicht mehr so zahlreich, die nur immer Schmeichelei, Lobsprüche zu hören wünschen; noch weniger aber sind jener bösen Leidenschaftlichen, welche die Masse der Nation in ihren Kämpfen um Heil, um endliche Beruhigung absichtlich auf Irrpfade leiten möchten, die Wind säen, um den Sturm zu ernten, — der sie sodann in ihrer

Pygmäenhaftigkeit auf die Oberfläche emporwerfen soll. Ich achte die, zwar in der Wissenschaft und Entwickelung, meist ohne die eigene Schuld, zurückgebliebene, aber verständige Masse unserer Nation zu sehr, als dass ich nicht glauben sollte, sie wisse die Wahrheit nun schon zu ertragen, wenn diese ihr nur erläutert wird. Und ich bin überzeugt, unser klar denkendes Volk wird bald einsehen, welche Beschränktheit einestheils, und anderntheils welche unreinen egoistischen Beweggründe jene Maulhelden leiten, die es um jeden Preis, und wäre dieser auch der Alles umstürzende, blutige Bürgerkrieg, und es scheint, es ist auch nichts Anderes ihr Ziel, die, sage ich, dass Volk um jeden Preis glauben machen wollen, dass wir mit unserem Ausgleiche auf Grundlage der Gesetze von 1867 Alles verloren und nichts gewonnen haben. Es wird einsehen, dass unsere Konstitution und die uns, als einem kleinen und nicht eben günstig situirten Volke, gebührende Unabhängigkeit niemals auf einer stärkern Basis ruhten; denn unsere Verfassung und Unabhängigkeit waren niemals so geschützt gegen die Angriffe und Verletzungen, welche in der Vergangenheit unser Vaterland so oft in so gefährliche Bürgerkrige rissen, und seinen Fortschritt in der Bildung und im Wohlstand so sehr behinderten.

Damit Jeder sich hievon die Ueberzeugung verschaffen könne, wollen wir vor Allem sehen, was den Anlass zu diesen Angriffen gegeben, was die so häufige Erneuung der blutigen, verwüstenden Bürgerkriege ermöglicht hat.

Dies zu erläutern, führte ich in dem Szegediner Brief an, dass unsere Nation geschwächt durch Jahrhunderte lang fortgesetzte Kämpfe mit den Türken und durch fluchwürdigen inneren Zwiespalt sich zur Sicherung des eigenen Bestandes genöthigt sah, mit einem Nachbarstaate, mit Oesterreich, in einen Verband zu treten, und dessen Vertheidigung und Schutzkraft für sich in Anspruch zu nehmen. Sie modifizirte zwar dadurch einige Punkte ihrer ehemaligen vollkomenen Unabhängigkeit und Selbstständigkeit faktisch dahin, dass sie in Bezug auf diese Punkte in Zukunft blos im Einverständniss mit ihrem Alliirten, wenn auch unter Wahrung des gleichen Einflusses, werde Bestimmungen treffen können; — allein sie schämte sich, stolz auf ihre einstmalige Macht, dies auch bestimmt in Worten auszusprechen, und in einem, den neuen Verhältnissen entsprechenden Vertrage detaillirt das festzusetzen: was sie von ihrer alten, vollkomenen Unabhängigkeit und Selbstständigkeit auch ferner noch für sich allein vorbehalten will, und was sie bereit ist, für den in Anspruch genommenen, und umsonst nicht zu erlangenden Defensivschutz, aufzugeben oder zu theilen. Die Nation erfuhr zwar später, dass die Macht, mit der sie in Verband getreten war, in Ermangelung eines solchen detaillirten Vertrages immer mehr und mehr auch solche Rechte verletzte, usurpirte, in welche sich zu theilen das neue Verbands-Verhältniss nicht unumgänglich nöthig machte; jedoch statt dass sie, ihre Versäumniss gutmachend, gestrebt hätte, einen solchen detaillirten Vertrag zu schaffen, begnügte sie sich in ihrer falschen Scham, in von Zeit zu Zeit verfassten Gesetzartikeln auszusprechen, dass sie ihre Unabhängigkeit, Selbsständigkeit, in Allem und Jedem zu erhalten wünsche.

Dergleichen neuere Gesetze konnten der Natur der Verhältnisse zufolge nicht im geringsten grössere Kraft besitzen, als die ähnlichen älteren. Betrübt erfuhren dies unsere Vorfahren, und als der Druck, die Tyrannei auf ihnen schwerer zu lasten begann, erhoben sie sich mehrmals bewaffnet dagegen. Es gelang ihnen auch öfter, für einige Beschwerden Abhilfe zu erlangen; doch weil niemals detaillirt festgestellt ward, welche Rechte der alten vollkommenen Unabhängigkeit zu theilen und mit gemeinsamem Einflusse anzuwenden der Verband mit Oesterreich unumgänglich nöthig mache und welche auch ferner noch im ungetheilten Besitze der Nation bleiben sollen, — erneuerte sich fortwährend der Rechtsbruch, häuften sich die Rechtsverletzungen, bis wieder der Bürgerkrieg ausbrach. Und so ging dies mehr als drei Jahrhunderte lang. Dem fortwährend sich erneuenden Uebel konnte nur ein solcher Vertrag ein Ende machen, wie wir ihn jetzt, 1867, schlossen; und weil dies unsere Vorfahren, im Jahre 1848 aber auch wir selbst zu thun versäumten, konnten wir niemals aus der schlimmen Lage herauskommen.

Und dies ist der wesentliche Inhalt des Szegediner Briefes. Ist dies Alles aber auch historisch richtig?

Gehen wir doch einmal die Hauptmomente unserer Geschichte der letzten vierthalb Jahrhunderte kurz durch, und sehen wir, ob es nicht vielleicht Irrthum, oder wie meine Gegner mich verdächtigen, eine Erdichtung ist, mit der ich mich bestrebe, „dem heiligen Andenken vergangener Zeiten jede Pietät zu verweigern"?

Es erleidet keinen Zweifel, dass unsere Könige aus dem Hause Habsburg die Regierung des Landes mit denselben Beschränkungen der fürstlichen Gewalt übernahmen, innerhalb deren ihre Vorgänger regierten. Gewiss ist es ferner, dass sie ihr Krönungsdiplom nicht eben gerne änderten, durch welches sie verpflichtet waren, die nationalen Rechte zu garantiren. Die freiwillige Annahme von Verträgen jedoch, welche ihre Machtbefugnisse im Detail regeln sollte, konnte man von ihnen nicht einmal erwarten. Es fehlte indessen nicht an Gelegenheiten, wo die Noth, oder die Begierde, von Seiten der Nation erwartete Gefälligkeiten zu erlangen, sie dazu hätte zwingen können, wenn anders die Nation es energisch gefordert hätte.

Anfangs schien dies zwar nicht nothwendig. Unsere Könige erfreuten sich vom Anbeginne bei aller Verfassungsmässigkeit eines weiten Spielraumes in ihren Machtbefugnissen, so zwar, dass einige thatkräftigere, wie beispielsweise Mathias I., trotz Krönungsdiplom und häufiger Landtage, in mehrfacher Beziehung fast unumschränkt herrschten. Deshalb verlangten die Stände des Landes, als sie das Haus Habsburg auf den Königsthron erhoben, auch von Ferdinand I. nichts mehr als das Versprechen, dass er „die, in Bezug auf den christlichen Staat so verdienstvolle ungarische Nation und Sprache mit aller Kraft vertheidigen; dass er alle Stände des Landes in jenen Freiheiten und Rechten, deren sie schon unter den seligen früheren Königen genossen, belassen; im ungarischen Staatsrath Fremde nicht verwenden; die kirchlichen und weltlichen Einkünfte, Aemter und Erbschaften nicht an Ausländer verleihen, und nicht dulden werde, dass seine Hauptleute an irgend Jemandem Gewaltthätigkeit, Schaden und Unbill anthun." Und bei seiner Krönung versprach er in allgemeineren Worten, blos die Rechte und Freiheiten des Landes in Ehren zu halten und so zu regieren, dass Niemand jemals Ursache haben solle, seine Erwählung zu bereuen.

Damals zugleich die näheren Umstände des Verbandes detaillirt festzustellen, in welchen Ungarn in Folge der Gemeinsamkeit des Fürsten mit dessen übrigen Ländern trat, kam Niemandem in den Sinn und konnte auch bei der Unentwickeltheit dieser Verhältnisse und der geringen Zahl der Berührungspunkte kaum Jemandem in den Sinn kommen. Die Stände begnügten sich damit, dass der neue König versprach, das Reich mit der Kriegsmacht seiner übrigen Länder, ja sogar mit der Hilfe Deutschlands zu vertheidigen; in einem Theile der Oesterreich berührenden Militärgrenze aber hielt er schon früher ein deutsches Heer, ja er regierte diese ganz nach eigenem Gutdünken und willkürlich.

Jedoch schon unter Ferdinand I. und noch mehr unter dessen Nachfolger Maximilian wurde die Nothwendigkeit eines detaillirteren Vertrages, in welchem besonders die Landesvertheidigung, die königlichen Einkünfte, hauptsächlich die Bergwerke, die Mauthen, die volle Gegenseitigkeit im Handelsverkehr, und noch mehrere andere Angelegenheiten der Staatsverwaltung bestimmter zu regeln gewesen wären, bereits sehr deutlich empfunden. Die deutschen Minister und Räthe begannen auf die ungarischen Angelegenheiten immer mehr Einfluss zu üben, während sie diejenigen, über welche im gegenseitigen Einverständnisse der beiden Theile zu entscheiden das gemeinsame Interesse der beiden Länder erheischte, ausschliesslich ihrer eigenen einseitigen Verfügung unterzogen; die Rechtsusurpationen der böhmisch-deutschen Räthe beschränkten die Autonomie, Unabhängigkeit und Selbstständigkeit der Nation auf einen immer engern Kreis selbst in solchen Angelegenheiten, in Bezug auf welche die Gemeinsamkeit des Fürsten die Theilung des nationalen Rechtes keineswegs unvermeidlich machte.

* * *

Diese Beschwerden häuften sich unter dem dritten Habsburg'schen Könige, Rudolf, bereits so sehr, das legislatorische Recht der Nation, die Religions- und individuelle Freiheit wurden so sehr eingeschränkt, die Tyrannei der fremden Kriegshauptleute, die Ausschreitungen ihrer Truppen lasteten so schwer auf der Nation, dass diese die Geduld verlor, zu den Waffen griff und sich unter Bocskay's Fahne schaarte.

Der Aufstand war von Triumph begleitet. Erzherzog Mathias, der den völligen Abfall des Landes befürchtete, schlug sich selbst auf die Seite der siegreichen Nation; mit ihm verbündeten sich auch die Oesterreicher und Mähren. Rudolf ward zur Thronentsagung gezwungen, und an seiner statt Mathias zum König und zum Herrscher von Oesterreich und Mähren proklamirt.

Was forderte unter so günstigen Umständen die Staatsweisheit, was rieth die, unter der verflossenen Regierung so theuer erkaufte Erfahrung? Gewiss dies, dass nicht blos die vorhandenen Beschwerden beseitigt, sondern auch die Zukunft vor ähnlichen Leiden gesichert werde. Es mussten die Rechte der Nation und des Fürsten, die Befugnisse der Regierungsgewalt detaillirt geregelt, mit den, demselben Herrscher huldigenden Reichen die in ihrer Entwickelung sich einander immer mehr nähernden Angelegenheiten der Landesvertheidigung, des Handels, der äussern Vertretung, insoferne dies der damalige Entwickelungsgrad des Constitutionalismus erheischte, in allen Einzelnheiten vereinbart werden; und wenn in Bezug auf jene gemeinsamen Angelegenheiten, die sich aus der Gemeinsamkeit des Fürsten, der Nothwendigkeit der gegenseitigen Landesvertheidigung, dem Zusammentreten der materiellen Interessen ergaben, Gerechtigkeit und Billigkeit, vielleicht auch einige Opfer von der ehemaligen, absoluten, vollkommenen Unabhängigkeit der in einem solchen Verbande miteinander stehenden beiden Theile gefordert hätte, so hätten auch diese zum erhöhten Wohle der betreffenden Länder erforderlichen Opfer in bestimmten Punktationen umschrieben werden müssen. Mit einem Worte, es hätte müssen klar ausgesprochen werden: Nachdem der Fürst gemeinsam, das Land nur mit gemeinsamer Kraft gegen die Türken zu vertheidigen ist, nachdem die Verhältnisse des Handels, die Zollvorschriften u. s. w. blos durch gegenseitiges Uebereinkommen zweckmässig geordnet werden können; — und nachdem in keiner der

erwähnten Angelegenheiten der eine Theil ohne Verletzung
des andern aus eigener Machtvollkommenheit Entscheidungen treffen kann: so sollen in Zukunft all diese Fragen,
aber auch nur diese, in der zu bestimmenden Weise unter
Mitwirkung der beiden Theile geordnet werden. Ein solcher Vertrag wäre uns Ungarn nützlicher, ja nothwendiger
gewesen, denn so wie in der Vergangenheit wir die Verletzten und Beschädigten waren, so hatten auch in der
Zukunft wir die Einmengungen und Willkürlichkeiten der
deutschen Minister zu befürchten, die unsere Rechte verletzen konnten. Und dass die Nothwendigkeit einer solchen Vereinbarung auch von unsern Vorfahren gefühlt
ward, beweisen die Gesetzartikel, die von der Regierung
abgefasst wurden, und die Mathias sanktioniren musste.
In diesen Gesetzartikeln kommt zwar manches vor, welches zeigt, dass unsere Voreltern in der wichtigen Angelegenheit den Nagel auf den Kopf trafen; aber selbst alles
dies war weder genügend, noch gehörig genug präzisirt,
um unsere Verfassung, unsere Selbstständigkeit in Zukunft
vor ähnlichen Verletzungen zu bewahren. Ihr Hauptfehler
ist es, dass sie den aus der Gemeinsamkeit des Fürsten
und den oben erwähnten Verhältnissen stammenden Verband nicht in Betracht ziehen; dass sie solche Anordnungen treffen, als ob das Land einen Eingeborenen, blos von
Ungarn umgebenen, nationalen Fürsten hätte, als ob dieser
den österreichischen Erbländern nichts schuldig wäre
dafür, dass sie ihn mit ihrem Gelde, mit dem Blute ihrer
Kinder im Vertheidigungskampfe gegen die Türken
unterstützten; als ob es keine Angelegenheiten von gemeinsamem Interesse gegeben hätte, die nur durch gemeinsamen Einfluss billig, ohne Verletzung des einen oder
andern Theiles behandelt werden konnten, — mit einem
Worte, als ob die Nation noch immer mit so vollkommen autonomem Rechte und selbstständiger Gewalt hätte

in allen Fragen Entscheidungen treffen können, wie etwa in den Zeiten des Mathias Corvinus, und als ob es gar keine Berücksichtigung verdient haben würde, dass der Fürst nach Jahren kaum einmal nach Pressburg kommt, dass er fortwährend von deutschen Ministern umgeben ist, die in den meisten Fällen durch ihren Einfluss den ungarischen Kanzler besiegen, der sich an der Seite des Königs befindet.

Doch betrachten wir einige dieser gesetzlichen Anordnungen näher.

Der Gesetzartikel V. lautet folgendermassen: „Es wird beschlossen, dass der Oberschatzmeister des Landes, der eine weltliche Person sein muss, durch Se. Majestät im Sinne der Wiener Beschlüsse noch während dieses Landtages und aus dem ungarischen Rathe gewählt zu werden hat; Ausländer haben sich künftig gar nicht mehr in die Einkünfte des Landes und der dazu gehörigen Theile zu mengen; und er (der Schatzmeister) soll weder von den Hof- noch von den österreichischen Kammern abhängig sein."

Konnten die Stände des Landes wirklich aufrichtig glauben, dass dieser neue Gesetzartikel, wie ähnliche schon in früheren Zeiten mehrmals abgefasst wurden, die Einmengung der deutschen Kammern und Minister in die ungarischen Finanzangelegenheiten verhindern werde? Konnten sie wohl glauben, dass dieses in allgemeinen Worten gehaltene Gesetz die Rechtsverletzung beseitigen werde, die daraus hervorging, dass in den Angelegenheiten der Bergwerke, der Münze, Zölle, und anderer Landeseinkünfte die deutschen Kammern und Minister mittelbar oder unmittelbar entschieden? Nachdem man fast ein Jahrhundert lang das Entgegengesetzte erfahren hatte, konnte man dies, wenigstens aufrichtig, kaum glauben.

Was war also die Ursache, dass die Stände des Landes,

die doch durch diese Erfahrungen hätten gewitzigt sein können, dennoch nicht einen detaillirten Vertrag vereinbarten? Sollte es etwa nicht in ihrer Macht gestanden haben? Der König natürlich urgirte es nicht, denn er wusste wol, dass die blos in allgemeinen Worten ausgedrückte Unabhängigkeit des Landes der Ausübung seiner Regierungsgewalt grösseren Spielraum gewährte, als irgend ein detaillirter Vertrag. Umsomehr hätten daher die Stände darauf dringen müssen, da sie bisher mit ihrem eigenen Schaden erfahren hatten, dass die in allgemeinen Worten gehaltene Proklamation der Unabhängigkeit diese nicht vor Verletzungen zu bewahren vermag. Also bei den Ständen selbst fehlte es am Willen. Und warum? Weil sie einsahen, dass sie, wenn sie sich zu einem detaillirten Vertrage herbeilassen, zugleich bestimmen müssen, der ungarische Schatzmeister habe zur Ordnung mancher Verhältnisse, z. B. der Zölle, Verkehrsstrassen, Münzenprägung, mit den deutschen Kammern unumgänglich in Berührung zu treten, und die Angelegenheiten in gemeinsamer Berathung, mit gemeinsamer Einigung vor den österreichischen Ständen (die damals ebenfalls noch eine Verfassung besassen) zu entscheiden. Sie aber waren, wie ich auch in meinem Szegediner Briefe sagte, auf die einstmalige Macht des Landes, und dessen **vollkommene Unabhängigkeit** stolz, und schämten sich dergleichen zu gestehen. Und doch war darin nichts, wessen man sich hätte schämen müssen: denn Diejenigen, die das Schicksal, die Macht der Umstände, die Nothwendigkeit oder irgend ein gemeinsames Interesse miteinander in Berührung bringt, sind überall auf der ganzen Welt darauf hingewiesen, ihre Angelegenheiten von gemeinsamem Interesse durch gegenseitige Uebereinkunft anzuordnen. Die Scham unserer Ahnen war also, wie ich sagte, blos eine falsche Scham; aus falscher Scham versäumten sie es, im Jahre

1608 über die Angelegenheiten von gemeinsamem Interesse einen Vertrag zu schaffen, wie wir ihn endlich 1867 zu Stande brachten.

Stoff zu ähnlichen Deduktionen werden auch die Gesetzartikel IX, X, XI, XII geben, die von der Regierung des ungarischen Staatsrathes, der Autorität und Independenz des Kanzlers, der Grenz- und andern Festungs-Hauptmannschaften, vom Heere u. s. w. handeln. In Bezug auf all' diese Fragen liessen unsere Vorfahren sich ein ähnliches Versäumniss zu Schulden kommen. Statt die näheren Umstände der faktisch existirenden Berührung mit Oesterreich präcis zu bestimmen, proklamirten sie blos in einem allgemeinen Gesetze die Selbstständigkeit des Landes in allen möglichen Angelegenheiten, und beschlossen: „dass die Stände des Landes mit ihren Privilegien, Freiheiten und Gebräuchen . . . durch Se. Majestät heilig und unverletzlich erhalten bleiben sollen."

Und was war das Resultat dieser Versäumnisse? Dass am Ende der zehnjährigen Regierung Mathias II. sich wieder eine Menge von Beschwerden angesammelt hatte, und die Nation unter Ferdinand II. wieder gezwungen war, die Fahne des Bürgerkrieges aufzupflanzen und mit den Waffen Heilung aller Gravamina sich zu verschaffen. Und so ging dies auch noch ferner. Die Nation musste wegen dieser Versäumnisse immer wieder und wieder den Kampf selbst um jene autonomen Rechte beginnen, welche auch bei dem Verbande mit Oesterreich ausschliesslich ihrer eigenen legalen Entscheidung vorzubehalten, sie mit vollem Rechte wünschen konnte, wünschen musste, wenn sie nicht zu einer einfachen Provinz herabsinken wollte.

Und doch hatte das Land niemals eine günstigere Gelegenheit als im Jahre 1608, einen Vertrag zu schaffen, der die Entscheidung über gemeinsam interessirende An-

gelegenheiten, die sich unter einem gemeinsamen Fürsten
aus der Nothwendigkeit einer gemeinsamen Vertheidigung
und der immer engeren Berührung entwickelten, in den
Details zu regeln hatte: denn damals war die Nation, wie
wir erwähnten, wegen der Abdankung Rudolfs mit den
österreichischen Provinzen enger verbunden. Damals
wäre es an der Zeit gewesen, im gemeinsamen Einverständnisse der Völker ihre gemeinsamen Angelegenheiten
zu ordnen. Durch die, wenn auch überaus mangelhafte,
ungenügende und einseitige Regelung der Zölle und einiger andern Fragen geschah auch der erste Schritt hiezu.
Wenn die Völker in der begonnenen Richtung auch ferner
ausgeharrt, und ihr freundschaftliches Bündniss enger
geknüpft hätten, mit wie starken Garantien hätten sie
gegenseitig ihre konstitutionelle Freiheit umgeben, und
vor wie vielen Leiden, welche die fürstliche Willkürherrschaft über sie gebracht, hätten sie Beide durch den gegenseitigen Schutz der Allianz sich bewahren können!

Doch der gute Anfang ward nicht fortgesetzt; das
freundschaftliche Verhältniss erkaltete in Folge mancher
absichtlich gesponnenen Intriguen gar bald und löste sich
auf. Beide Theile hatten aber auch Ursache, dies nicht
lange darauf bitterlich zu bereuen. Die deutsch-böhmischen Provinzen verloren seit der Regierung der Ferdinande ihre konstitutionelle Autonomie immer mehr und geriethen ans Gangelband der fürstlichen Willkührherrschaft. Von da ab traten jedoch auch für Ungarn immer
drückendere Zeiten ein. Die Wellenkreise des in Oesterreich zu Herrschaft gelangten Absolutismus erstreckten
sich auch auf unser Vaterland; unsere Gesetze, unsere
nationale Autonomie erlitten immer mehr und mehr Verletzungen; ja zu einer Zeit wurde unsere Verfassung durch
zehn Jahre ganz aufgehoben, die Willkür und wüthende
Rache der Lobkowitze und Ambringen, der Basta und

Karraffa, verheerten die Heimat mit nicht geringerer Grausamkeit, wie in der Neuzeit die eines Bach oder Haynau. Die verzweifelte Nation stand fast ein Jahrhundert hindurch mit geringen Pausen ununterbrochen in Waffen, kämpfend für ihre Existenz, den Bestand ihrer Verfassung und ihre religiöse und persönliche Freiheit.

Die göttliche Vorsehung hat unsere Nation vor dem Untergange bewahrt. Die Vorsehung, sage ich, denn nur dem Zusammentreffen günstiger Umstände haben wir es zu danken, dass das Häufchen unseres Volkes, einestheils von den Türken andererseits und noch weit empfindlicher von den Deutschen, entwurzelt, gedrückt, doch nicht ganz zu Grunde ging.

*

Im wechselnden Glücke des langen, verhängnissvollen Kampfes, boten sich mehrmals Gelegenheiten zum Ausgleiche. Von diesen will ich blos eine erwähnen, weil einige Szenen derselben den Scenen aus dem modernen Drama des Lebens unseres Volkes ähneln. Ich will von dem Aufstande Franz Rákóczy II. sprechen.

Als Rákóczy durch unzählige Verletzungen der Verfassung und persönliche Verfolgungen zum Aufstande veranlasst wurde, war Kaiser und König Leopold I. in einen langen schweren Krieg mit den Franzosen verwickelt. Der König von Frankreich, Ludwig der XIV. schürte den ungarischen Aufstand auf jede mögliche Weise, um die österreichische Heeresmacht auch von dieser Seite her zu beschäftigen. Den Waffen Rákóczy's war anfänglich das Glück günstig; seine Heere streiften bis Wien; Leopold I. starb mittlerweile, und seine Nachfolger, der sanfte Josef I., der die despotische Regierung seines Vaters weder gebilligt, noch an ihr theilgenommen hatte, forderte die Aufständischen zum Frieden, zum Ausgleiche auf; die

Verhandlungen, die unter Vermittelung der Bundesgenossen des Kaisers, der Engländer und Holländer vor sich gingen, führten indessen zu keinem Resultate, wiewol Josef im Vorhinein sein Wort gab, „er werde die ungarische Nation nach den eigenen Gesetzen, Rechten und Privilegien des Landes regieren," und wiewol Aussicht vorhanden war, dass der zu schliessende Friede von den Engländern und Holländern garantirt werde. Rákóczy machte die Lostrennung Siebenbürgens zur Hauptbedingung, in die Josef jedoch durchaus nicht willigen wollte. Doch nicht minder als dies wirkten zur Vereitelung der Unterhandlung die damals noch lebhafter betriebenen französischen Wühlereien, welche die Sache zuletzt dahinbrachten, dass die Aufständischen die völlige Lostrennug des Landes proklamirten. Von nun an sank Rákóczy's Glücksstern immer tiefer, bis zuletzt die Aufständischen, die fünf Jahre zuvor unter den günstigsten Bedingungen hätten Frieden schliessen können, gezwungen waren, diesen nach mehreren Niederlagen so anzunehmen, wie man ihn ihnen diktirte.

Doch liessen sich unsere Vorfahren vielleicht noch günstigere Gelegenheiten zur vollen Ordnung ihrer Angelegenheiten mit Oesterreich unter der Regierung Karls III. entgehen. Damals hatten die nahezu hundert Jahre anhaltenden Aufstände ein Ende, damals wurden die Türken vollständig aus den Grenzen des Landes verdrängt. Nach zwei Jahrhunderten der verwüstenden auswärtigen und innern Kriege erlangte unser Vaterland damals endlich den vollständigen Frieden, während dessen es von seinem Zurückbleiben während der langen Kämpfe sich erholen, sein verwirrtes Staatsleben seine Regierungsverhältnisse ordnen konnte.

Allein obwohl damals jene Institution, Organe und Regeln der Staatsverwaltung, die hernach mit einigen

Veränderungen bis zum Jahre 1848 bestanden, geschaffen wurden und sich entwickelten: obwol damals unser Staatsrecht eine neue Basis erhielt, in jenem mit dem regierenden Hause abgeschlossenen Thronfolge-Vertrag, den wir die pragmatische Sanktion nennen: versäumten unsere Vorfahren es dennoch auch damals, die Staatsangelegenheiten zu organisiren, und die aus unserem Verbande mit Oesterreich sich ergebenden Verhältnisse so zu ordnen, dass nur das, was wirklich gemeinsame Angelegenheit, gemeinschaftlich verwaltet werde, jede andere Angelegenheit aber der nationalen, konstitutionellen Verwaltung gegen alle fremden Einmischungen und Rechtsverletzungen gesichert bleibe.

Eine solche Organisation musste aber selbst als eine um so dringendere Nothwendigkeit erscheinen, als unser gemeinsamer Fürst neben dem konstitutionellen Ungarn in seinen übrigen Provinzen mit unumschränkter Gewalt regierte, welche doch die deutschen Minister und Regierungsbehörden auch auf uns sehr leicht ausdehnen konnten; ja man konnte voraussehen, dass sie dies wahrscheinlich zu thun streben würden, wenn man nicht mit möglichst grösster Präcision und detaillirtest bestimmt, welches jene gemeinsamen Angelegenheiten seien, die ihrer Natur nach in den beiden gesonderten Theilen der Monarchie des gemeinsamen Herrschers nicht vollständig von einander getrennt und gesondert verwaltet werden können, sondern im Interesse der beiden Theile durchaus nur unter gemeinsamer Verwaltung stehen können, — und auf welche Weise die Verwaltung dieser gemeinsamen Angelegenheiten zu geschehen habe, damit alle andern dann ausschliesslich durch die nationale Regierung nach unseren eigenen konstitutionellen Gesetzen verwaltet werden können.

Vor wie viel Kämpfen, vor wie viel Leiden und Widerwärtigkeiten wäre das Vaterland bewahrt geblieben, wenn das Alles damals vor einem Jahrhundert, gehörig wäre geordnet worden! Welche Fortschritte hätte unsere Nation während dieser langen Periode in der Prosperität und Intelligenz machen können, wenn mit Ausnahme der nothwendigerweise gemeinsam zu behandelnden Angelegenheiten, — auf welche übrigens in dem uns gebührenden Theile auch unser Einfluss gewahrt worden wäre — über all' unsre übrigen Staatsangelegenheiten unsre eigene Legislative, unsre eigenen Regierungsorgane verfügt hätten! Es ist sehr natürlich, dass eine derartige Organisation weder vom Könige selbst, noch von seinen deutschen Räthen urgirt ward. Ihnen war der ungeordnete, unbestimmte Zustand günstiger, denn in diesen hatten sie Gelegenheit nicht blos in die gemeinsamen, sondern auch in alle übrigen Angelegenheiten des Landes sich einzumengen, und nach ihrem Belieben Entscheidungen zu treffen. Eine solche Anordnung lag nur mehr im Interesse Ungarns: die Ungarn also hätten sie um jeden Preis urgiren müssen.

Und unsere Vorfahren hatten während der Regierung dieses Königs mehrmals Gelegenheit, ihre Staatsangelegenheiten so zu ordnen.

So war dies zum Beispiel auf dem Landtag 1715 der Fall. Der König wünschte auch in Ungarn ein stehendes Heer zu errichten, und verlangte zu diesem Behufe von den Ständen des Landes eine stehende Kriegssteuer.

Und was thaten damals die Stände? Ergriffen sie vielleicht die günstige Gelegenheit, um für die neuen Lasten, ich will nicht sagen, der Nation neue Rechte zu erwerben, aber doch die Staatsgewalt zu einem Vertrage zu bewegen, welcher den Behandlungsmodus derjenigen Angelegenheiten, die durchaus nur gemeinsam entschieden werden können, stipulirt und uns den verhältnissmässigen Einfluss auf dieselben gesichert, während er uns in allen übrigen Fragen die nationale Autonomie und das Selbstbestimmungsrecht garantirt hätte? Oder, wenn sie es schon versäumten einen Vertrag zu vereinbaren, der sich auf so mannigfache Staatsverhältnisse erstreckt, wahrten sie vielleicht mindestens diejenigen Rechte der Nation, die sich auf die Armee, die Kommandosprache und darauf beziehen, dass die ungarischen Truppen während des Friedens in ihre Heimath versetzt werden müssen?

Die Geschichte würde gewiss versäumen ihre heiligste Pflicht zu erfüllen, wenn sie die Handlungsweise unserer Vorfahren in dieser Frage nicht auf das strengste rügen würde. Denn, das Bewilligungsrecht der Kriegssteuer ausgenommen, reservirten sie der Legislative und Nationalregierung kein anderes Recht auf die Armee, und überliessen die ganze ungarische Heeresangelegenheit der Willkür des Fürsten und seiner deutschen Rathgeber. Ja selbst für die Ergänzung des zu errichtenden stehenden Heeres, für den Modus der Rekrutenstellung trafen sie keine Bestimmung. Sie votirten die Kriegssteuer, doch trugen sie aus falscher Scham nicht einmal deren Summe ins Gesetz ein, und überliessen alles Uebrige dem Belieben des Fürsten.

Und was war Grund und Quelle dieser Versäumniss? Irrige Begriffe von nationaler Unabhängigkeit und Ehre, unstatthafte Anwendung des nationalen Stolzes, und hieraus entspringende falsche Scham. Sie schämten sich, dass auch Ungarn gezwungen sei, zur Errichtung des Heeres beizutragen, welches die gemeinsame Vertheidigung der Monarchie nöthig machte. Und doch war blos die Versäumniss beschämend, welcher zufolge sie die Kriegssteuer votirten, ohne sich zugleich all' jene Rechte auf das ungarische Heer vorzubehalten, welche der Nation billigerweise selbst bei der Gemeinsamkeit der Vertheidigungsmittel der Monarchie gebührten. Nicht dadurch ward die nationale Unabhängigkeit verletzt, dass die Stände dazu beitragen mussten, ein zur gemeinsamen Vertheidigung nöthiges Heer zu errichten, sondern dadurch dass sie in ihrer überschwänglichen falschen Scham sagten: „Die Kriegssteuer müssen wir nun einmal votiren, weil auch unser Land ohne reguläre Armee nicht gehörig vertheidigt werden kann; uns aber bekümmert dieses Heer, das auch wir mit unserem Gelde und unseren Kindern aufstellen geholfen, gar nicht; der König und die deutschen Räthe mögen zusehen, wie sie es organisiren, wie sie es kommandiren und ergänzen, wenn in seinen Reihen mit der Zeit Lücken entstehen; wir haben in der Insurrektion und den Banderien unser gesondertes nationales Heer; wir sind unabhängig, und wollen mit den Deutschen auch in solchen Angelegenheiten nicht gemeinschaftlich berathen, welche die ganze Monarchie betreffen.

* * *

Doch wir wollen diesen Gegenstand nicht weiter verfolgen, denn Schamröthe bedeckte mein Angesicht, weil ich gezwungen war, bis jetzt von der falschen Scham unserer Ahnen zu sprechen, die aus so irrigen Begriffen, so übetriebenem Stolze entsprang. Sehen wir lieber statt dessen, was acht Jahre später, 1723, geschah, als die Erbfolge der weiblichen Linie des Fürstenhauses, die sogenannte pragmatische Sanktion, zu unserem Grundgesetze wurde, und unsere Regierungsbehörden jene Gestalt annahmen, die sie bis zu der im Jahre 1848 eingetretenen Veränderung beibehielten.

König Karl hatte keinen männlichen Nachfolger; er wünschte deshalb alle Kronen seines weiten Reiches auf seine Tochter Maria Theresia zu vererben. Doch weil der III. Gesetzartikel des Jahres 168 $^7/_8$, als die erbliche Thronfolge im Mannesstamme festgestellt ward, anordnete, dass für den Fall, als der Mannesstamm aussterbe, das Recht der freien Königswahl wieder von der Nation ausgeübt werden solle, und weil ein neueres Gesetz auch 1715 dies garantirte: konnte nur ein neues, die älteren aufhebendes Gesetz die weibliche Erbfolge begründen.

Es kostete jedoch dem König nicht wenig Sorge und Mühe, die Nation zur Annahme der weiblichen Erbfolge zu bewegen. Nach den bitteren Erfahrungen von früher wollten die Ungarn kein Frauenregiment. Der Hof und seine Organe bemühten sich daher einige Jahre hindurch, die öffentliche Meinung unter den Ständen in dieser Frage vorzubereiten und zu gewinnen. Die letzteren hatten daher Zeit zu überlegen, unter welchen Bedingungen sie dem Königswahlrechte der Nation entsagen dürften.

Karl, der von der Nation ein so erhebliches Opfer verlangte, hütete sich zwar in seinem bisherigen Regierungsverfahren deren Rechte zu verletzen; allein trotz der guten Absichten des Königs fehlte es nicht an Beschwerden. Diese stammten zum grossen Theile von den früheren Regierungen her. Die beständige und grösste Beschwerde war die, dass zahlreiche wichtige Angelegenheiten des Landes, welche ehemals von den nationalen Königen zwar mit Plenipotenz, aber durch die ungarischen Räthe, erledigt wurden, jetzt durch den im Auslande wohnenden König unter dem Einflusse der ihn fortwährend umgebenden deutschen Räthe entschieden wurden. Es war unmöglich diese Beschwerden auf eine andere Weise radikal zu beseitigen, als durch einen Vertrag, der bis ins Detail jene gemeinsamen Angelegenheiten bestimmt, auf welche auch der Einfluss der deutschen Räthe von seiten der österreichischen Erbländer, legal wäre, und zugleich die Art und Weise festsetzt, wie jene zu erledigen seien.

Für einen solchen Vertrag hatten also die Stände des Landes zu sorgen, damit endlich jenen Verletzungen der Konstitution die Spitze abgebrochen werde, die sich trotz der zahlreichen ältern, aber von der Unabhängigkeit des Landes immer nur in allgemeinen Worten sprechenden Gesetze, ununterbrochen erneuerten.

Einer derartigen Organisation der Staatsfragen würde der König damals seine Sanktion gewiss nicht verweigert haben, da er seiner Tochter die Thronfolge sichern wollte und die Gelegenheit war dem Zustandekommen des Vertrages um so günstiger, als die Staatsangelegenheiten und die gesammte Verwaltung des Landes, die sich in grösster Unordnung befanden, und welche wegen der Türkenkriege und der innern Wirren seit nahezu zwei Jahrhunderten keine erhebliche Verbesserung erfahren hatten, ganz neu reorganisirt werden mussten, und zu diesem Zwecke schon seit Jahren die Landeskommissionen thätig waren.

Und was war das Resultat des Landtags von 1723, dem man seit Jahren mit so gespannter Erwartung entgegen sah? der König erreichte sein Ziel, die Sicherung der weiblichen Erbfolge nach den schon längst getroffenen Vorbereitungen ohne alle Schwierigkeiten, und die pragmatische Sanktion wurde das Fundamental-Gesetz des Landes.

Und die Stände? Sie begnügten sich unter Berufung auf einige ältere Gesetze damit, dass die nationalen, konstitutionellen Rechte in allgemeinen Ausdrücken aufs Neue garantirt wurden und dass Se. Majestät versprach, sowohl er als auch seine Nachfolger werden das Land „nicht anders, als mit Beobachtung der bestehenden und später von den Landtagen zu schaffenden Gesetze verwalten und regieren." Und sie begnügten sich damit, dass zu diesen allgemeinen Versicherungen noch einige besondere Artikel hinzugefügt wurden, in denen versprochen ward, dass alle Vorrechte und Privilegien der Stände des Landes, die Autorität und der Wirkungskreis des Palatins erhalten bleiben, und der Landtag in jedem dritten Jahre einberufen wird; in welchen ferner verordnet ward, dass die ungarische königliche Kammer von der Wiener unabhängig sei, und mit ihr blos auf Grundlage der Parität verkehren solle; dass der neueingesetzte Statthalterreirath, der berufen war, die Landesangelegenheiten unter dem Vorsitze des Palatins zu verwalten, von keiner anderen Hofregierungsstelle, sondern als königlicher Rath, einzig von Sr. Majestät abzuhängen, mit den übrigen Erbländern und deren Regierungen nicht in unmittelbare Berührung zu treten, sondern alle Angelegenheiten Sr. Majestät zu unterbreiten habe.

Also wurde auch in diesen Gesetzen die **vollkommene** Unabhängigkeit des Landes blos in allgemeinen Worten proklamirt, während über die Verhältnisse des Verbandes mit Oesterreich gar keine detaillirte Verfügung geschah, wiewol man deren Existenz, wenn dieselbe auch nicht in deutlichen Worten ausgesprochen ward, in zahlreichen hochwichtigen Angelegenheiten auf Schritt und Tritt fühlen musste. Wiewol die Stände den Besitz Ungarns und der partes adnexae als „gemeinsam, untheilbar und unzertrennlich" von dem Besitze der deutschen Erbländer anerkannten, wollten sie diesen Verband als blos auf die Person des Königs bezüglich betrachten; und dennoch mussten sie ja fühlen, dass dieser untrennbare Besitz im Falle eines Angriffes eine gemeinsame Vertheidigung, diese ein gemeinsames Heer und Geldbeiträge, die auswärtige Vertretung eine gemeinsame Diplomatie, die zweckmässige Behandlung der materiellen Interessen eine gemeinsame Handelspolitik voraussetze. Sie mussten wissen — hatten sie es doch genug oft bitter erfahren — dass derartige allgemeine Ausdrücke in den Gesetzen, wie „die ungarische Kammer ist von der Wiener unabhängig, Se. Majestät regiert das Land blos durch Vermittelung der ungarischen Räthe," u. s. w. auch ferner ebenso wenig wie bisher verhindern werden, dass sich die Wiener Räthe, die den König umgeben, in viele unserer Angelegenheiten mischen. Doch weil sie es nach den von ihnen gehegten irrigen Begriffen von der Unabhängigkeit des Landes selbst für eine Schande hielten, die gemeinsamen Angelegenheiten mit den Oesterreichern, als den Ständen der unter demselben Fürsten stehenden Länder, auf Grundlage der Parität mit gegenseitiger Uebereinstimmung zu entscheiden : wollten sie an die Organisirung der Verbandsverhältnisse nicht einmal denken.

Und was war das Resultat dieser Versäumniss ? das folgende. Trotz der in den allgemein gehaltenen Gesetzen ausgesprochenen, so schönen Versprechungen, erlitt die Selbstständigkeit des Landes die empfindlichsten Verletzungen. Ueber unsere wichtigsten Interessen, die Angelegenheiten des Heeres, die Landeseinkünfte, die auswärtige Diplomatie, den Handel, wurde nach wie vor fortwährend von den deutschen Räthen, ja fast ausschliesslich von diesen verfügt, denn unsere Vorfahren wollten sich mit ihnen über die gemeinsame Behandlung dieser Angelegenheiten, die sie doch um jeden Preis hätten erkämpfen müssen, in gar keine Erörterung einlassen. Ohne Zweifel handelten die Wiener Räthe illegal, doch alle jene Angelegenheiten konnten nicht unerledigt bleiben, und da unsere Vorfahren es versäumt hatten, den Modus ihrer Theilnahme und Mitwirkung zu bedingen, so wurden die wichtigsten Angelegenheiten faktisch durch die deutschen Räthe, und leider — immer zu unserem Schaden entschieden.

Denn auch das neue Regierungsorgan, der 1723 eingesetzte königliche Statthaltereirath, erhielt in Folge des unbegreiflichen Leichtsinns der Stände, die es versäumten, durch ein Gesetz dessen Organisation zu regeln, eine so ungeeignete Einrichtung, wurde auf einen so engen Kreis beschränkt, dass er selbst die streng genommen inneren

Angelegenheiten, sobald sie nur irgendwelche Wichtigkeit besassen, nur in der von Wien aus vorgeschriebenen Richtung erledigen konnte, und ihn in seiner eigenen Mitte ein deutscher Rath kontrollirte ; auf die gemeinsamen Fragen, die eben die wichtigsten waren, nahm er jedoch gar keinen Einfluss. Und so geschah es denn auch, dass zu Ende der Regierung Karls die von den Wiener Ministern an den Rechten und der Selbstständigkeit der Nation begangenen Verletzungen wieder zu einer grossen Menge angehäuft waren.

Dass die neue Organisation ungenügend, ja schädlich war, dies sahen auch die Stände bald ein, und auf dem Landtage 1741, als Maria-Theresia gekrönt ward, wurde nicht blos die Aufhebung des Statthaltereirathes beantragt, sondern, wie ich schon vor Jahren in meiner „Geschichte Ungarns"[1]) schrieb : „dem Auge manches Patrioten schwebten noch höhere Ziele vor. Nach den Erfahrungen zweier Jahrhunderte überzeugten sie sich endlich, dass, so sehr ihre Vorfahren sich auch bisher bestrebt hatten, die Regierung des Landes vor fremdem Einfluss zu bewahren, trotzdem in unzähligemal erneuerten Gesetzen Proteste und Verbote ausgesprochen wurden, dennoch in einigen Zweigen der Verwaltung, hauptsächlich in den Finanz-, Heeres-, Handels- und diplomatischen Angelegenheiten, der fremde, verfassungswidrige Einfluss der deutschen Minister immer tiefere Wurzeln schlug. Sie sahen auch ein, dass, nachdem die königliche Gewalt in diesen Zweigen der Regierung zufolge deren eigenthümlicher Natur weniger beschränkbar war; nachdem die Gesetze selbst der königlichen Gewalt in diesen einen weiteren Spielraum gewähren, den König aber deutsche Minister umgaben : sie sahen ein sage ich, dass unter solchen Umständen diesen

---
[1]) V. B. S. 134.

Einmischungen insolange kein wirksamerer Damm entgegengesetzt werden konnte, als der König grösstentheils unter dem Einflusse dieser deutschen Räthe stand. Jetzt also tauchte im Geiste einiger der an der Spitze der Nation stehenden Herren — besonders des Judex curiae Gr. Josef Eszterházy, des Baron Georg Gillányi, der Grafen Thomas Berényi, Emerich und Franz Eszterházy — der Gedanke auf, ob es nicht möglich wäre, den Herrscher — der übrigens jetzt die kaiserliche Würde ohnedies nicht besitzt, — dazu zu vermögen, dass er Ungarn zum Mittelpunkte der Monarchie mache und von hier aus auch die übrigen Erbländer regiere, oder wenn dies nicht gelingen sollte, sich mindestens auch von einigen ungarischen Ministern umgeben lasse?"

— — — „Dies war der Zweck des Wunsches, dass der Primas, der Palatin, der Banus, und ausser ihnen auch noch mehrere andere ungarische Herren in den geheimen Staatsrath der Königin aufgenommen werden mögen, damit sie Gelegenheit hätten, tiefere Kenntniss von den Angelegenheiten der ganzen Monarchie zu erwerben, und dadurch zur Regierung des Reiches tauglicher zu werden, — — — denn sie dachten: Wenn die wichtigeren Regierungsangelegenheiten, die sich in der Person des gemeinsamen Fürsten begegnen, durchaus von diesem entschieden werden sollen, so ist es nicht mehr als billig, dass Ungarn, der grösste, ansehnlichste und ausserdem der einzige konstitutionelle Theil der Monarchie, auf diese Angelegenheiten eher einen entscheidenden Einfluss übe, als die willkürlich regierten Erbprovinzen."

Es ist dies in unserer Geschichte die erste Spur davon, dass unsere Vorfahren endlich einmal einsehen lernten, wie man durch allgemein gehaltene, unfruchtbare Gesetze, durch welche das Land bisher seine Unabhängigkeit wahren wollte, nicht zum Ziel gelange; es ist das erstemal, dass sie auf einen Modus sannen, den illegalen Eingriffen der deutschen Räthe ein Hinderniss entgegenzusetzen. Ich will nicht untersuchen, ob der zu diesem Zwecke eingeschlagene Weg der richtige war; doch darüber kann kaum ein Zweifel bestehen, dass der einträchtige, energische Wille der Stände unseren, Jahrhunderte alten Uebeln radikale Heilung hätte verschaffen können, zu einer Zeit, wo die von beinahe ganz Europa angegriffene Königin nur in der Treue und eifrigen Unterstützung der ungarischen Nation die einzige Bedingung zur Behauptung ihrer Erbschaft erblicken konnte.

Doch den Rathschlägen der vernünftigeren, scharfsichtigeren Patrioten wollte sich die Mehrzahl auch jetzt nicht anschliessen, und sie begnügte sich mit einigen kleinen Errungenschaften: die Privilegien des Adels wurden durch einige neuere Gesetze geschirmt; der Statthaltereirath erhielt eine neue Organisation, ob eine bessere, lässt sich kaum behaupten; damit der fremde Einfluss nicht durch Vermittelung des königlichen Kanzlers eingeschmuggelt werde, dekretirte man auch diesen von den Ministern unabhängig; ausserdem drückte jene Mehrheit den Wunsch aus, dass, wenn die ungarischen Heeresangelegenheiten, was allerdings am wünschenswerthesten wäre, von den Heeresangelegenheiten der Erbprovinzen nicht gänzlich getrennt werden können, — der oberste Kriegsrath blos mit Wissen des ungarischen Kanzlers Entscheidungen treffen, und zu diesem Zwecke zwei ungarische Räthe Sitz und Stimme im obersten Kriegsrath haben mögen; ferner sollten die Bergwerks-, Salz- und übrigen ärarischen Angelegenheiten blos durch die ungarische Kammer erledigt, das Zollsystem aber nach billiger Reciprocität umgestaltet werden.

Aus all diesem ersehen wir, dass die Stände des Landes nun schon begannen, eine etwas bessere Richtung einzuschlagen als früher. Wie ungenügend aber auch diese Verfügungen zur Sicherung der Rechte des Landes und zur Hintanhaltung des fremden Einflusses waren, bezeugt die spätere Regierungsgeschichte Maria Theresias. Sie selbst hegte zwar die besten Absichten in Bezug auf das Land, und die in strengem Sinne inneren Angelegenheiten boten unter ihr weniger Anlass zu Beschwerden, als früher; allein da noch immer eine richtige Organisation der Behandlungsweise der gemeinsamen Angelegenheiten fehlte, so wurden diese zum grossen Schaden des Landes auch noch ferner ausschliesslich durch die deutschen Regierungsbehörden und Minister verwaltet.

Dieser entscheidende Einfluss der deutschen Minister auf die Angelegenheiten unseres Landes war aber zu dieser Zeit weit schädlicher und gefährlicher als jemals früher; denn es waren für die ganze Monarchie ruhigere Zeiten eingetreten, und man hätte diese dazu benützen müssen, die nicht blos bei uns, sondern auch in den österreichischen Provinzen seit lange in unbeweglicher Stagnation befindlichen Zustände und Verhältnisse den Anforderungen des fortschreitenden Zeitalters entsprechend zu reorganisiren. So aber liess man die unsere Rechte verletzenden neuen Einrichtungen bei uns Wurzel schlagen, und unser Land ward dadurch mit den Lebensinteressen der Monarchie und den gesammten Grundprinzipien der Staatsverwaltung Oesterreichs so innig verwebt, dass unsere Uebel gleichsam verewigt wurden, und man kaum hoffen konnte, sich von ihnen während eines Jahrhunderts zu befreien; es geschah dies aber, wie wir nach den traurigen Erfahrungen unserer Zeit wissen, selbst nach einem Jahrhunderte nur um den Preis langer, schrecklicher Leiden.

Unter den zahlreichen Beispielen, welche ich aus jedem Zweige unserer Staatsverwaltung anführen könnte, will ich der Kürze wegen blos eines einzigen, nemlich unserer materiellen Interessen, Erwähnung thun.

Während der Regierung Karls betrugen sämmtliche Einkünfte der Monarchie blos gegen 15—16 Millionen. Unter seiner Nachfolgerin jedoch nahm das öffentliche Leben der Nationen, das sich unter dem Einflusse der vorwärtsstrebenden Zeit im Allgemeinen mehrseitiger entwickelte, nahm die Beschaffung der zum Bedürfnisse gewordenen Mittel der Staatsverwaltung, Vertheidigung, Bildung, Kommunikation u. s. w., schon weit beträchtlichere Summen in Anspruch. Da jedoch in Ungarn der Adel keine Steuern zahlen wollte, und die alles zusammen 7—8 Millionen starke gemeine Bevölkerung des Landes, ohnedies verarmt und mit grundherrlichen Abgaben belastet, nicht mehr zahlen konnte, so musste man die vermehrten Ausgaben einzig aus den österreichischen Erbprovinzen herausschlagen. Man erhöhte also in diesen letztern die Steuern erheblich, und führte zu diesem Zwecke ein neues Besteuerungssystem ein. Um die Provinzen in den Stand zu setzen, die erhöhten Steuern zu ertragen, musste man Industrie und Handel beleben, die Zölle auf's Neue regeln.

Dies Alles geschah denn auch wirklich. Und, um blos Eines zu erwähnen: die Zölle und übrigen Handelsverhältnisse wurden derart geregelt, dass alles Gedeihen, welches die im Aufschwunge begriffene Industrie und der sich mächtig hebende Handel der Monarchie gewähren konnten, ausschliesslich den österreichischen Provinzen zu Gute kommen musste; dorthin sollte alles Geld fliessen, dort sich der Reichthum anhäufen.

Dass dieses System der Bereicherung der österreichischen Provinzen und der Verarmung Ungarns vollkommen verwirklicht werden konnte, dies erleichterten besonders die zwei Umstände, dass erstens Ungarn — mit einziger Ausnahme des türkischen Reiches, von woher jedoch sehr wenig Nutzen für uns zu erwarten stand, — an allen Seiten von österreichischen Provinzen umgeben war, und wir nur durch diese hindurch mit der gebildeteren Welt in Verbindung treten konnten; und dass zweitens auch zwischen den beiden Theilen der Monarchie Zollschranken bestanden.

Die deutschen Räthe wussten diese beiden Umstände meisterhaft auszubeuten. Sie wussten nicht blos den Handel mit ausländischen Industieartikeln, orientalischen Waaren u. s. w., sondern auch den mit den ungarischen Produkten ausschliesslich in die Hände der österreichischen Unterthanen zu spielen; sie belasteten alle ungarischen Erzeugnisse, von welchen der Adel daheim keine Abgabe entrichtete, an den ungarischen Grenzen mit schweren Steuern, sie machten uns zu den Erbkontribuenten der Erbprovinzen, erstickten bei uns jeden Handel, jede Industrie und zwangen uns dadurch, all unsere Bedürfnisse blos auf dem österreichischen Markte zu befriedigen. Daraus ergab sich als natürliche Folge, dass wir unsere Produkte, wenn wir sie verkaufen wollten, blos an Oesterreicher, und weil diese die Beherrscher unserer Märkte geworden waren, zu unverhältnissmässig geringen Preisen verkaufen konnten; alle Industrieartikel aber, deren wir bedurften, nur in Oesterreich übermässig theuer kaufen mussten, da das österreichische Zoll- und Handelssystem unserer inländischen Industrie den Boden entzog.

Ungarn also, dessen Stände doch jederzeit auf die Unabhängigkeit ihres Vaterlandes ein so grosses Gewicht legten, dass sie dieselbe in unzähligen Gesetzen proklamirten und Jahrhunderte lang bereit waren, für diese Unabhängigkeit zu den Waffen zu greifen, ihr Vermögen und Leben zu opfern, — dieses Ungarn wurde in Hinsicht auf seine gesammten materiellen Interessen nicht blos zu einer Provinz, sondern, wie Josef II., der Nachfolger von Maria Theresia, selbst es aussprach, zu einer wahren Kolonie Oesterreichs. Waren demzufolge, wie ich in meinem Szegediner Briefe sagte, jene Gesetze nicht todtgeboren, welche die Unabhängigkeit, die selbstständige Regierung des Landes so oft, in so schön klingenden, aber stets nur allgemeinen Worten verkündeten, es aber versäumten, entsprechende Einrichtungen für den Verband zu schaffen, in welchem wir wegen der Gemeinsamkeit des Fürsten, und mehrerer, hieraus fliessender gemeinsamer Angelegenheiten mit Oesterreich lebten, die es versäumten, den Modus der Verwaltung dieser gemeinsamen Angelegenheiten mit Oesterreich zu stipuliren und uns den Einfluss, der uns auf dieselben gebührt, durch eine zweckmässige Organisation und einen passenden Vertrag zu sichern?

Was nützten die ewigen Beschwerden und Klagen, was helfen die unsere Unabhängigkeit sichernden, so oft erneuten Gesetze, ohne einen solchen Vertrag? Weil es nun einmal angenommener Brauch war, und man sonst die Krone nicht auf ihr Haupt setzte, beschworen alle Könige, diese Gesetze zu halten, und ihre deutschen Minister hinderten nicht, dass dieselben so oft als möglich erneuert wurden. Gab es jedoch Angelegenheiten zu entscheiden, dann wurden, und mochte es sich auch um eine, auch Ungarn betreffende gemeinsame Frage handeln, jene Gesetze, welche den Modus des Verfahrens der Regierung durch gar keine detaillirte Bestimmung feststellten, von den deutschen Ministern gar nicht in Betracht genommen, und diese entschieden nach ihrer Einsicht so, wie sie es im Staatsinteresse der gesammten Monarchie für gut erachteten. Und leider, sie glaubten zu unserem Unglück, das Interesse der Monarchie beruhe darauf, dass unser Vaterland im möglichst grössten Masse seiner gesetzlichen Unabhängigkeit beraubt werde.

Und dennoch sage ja Niemand: "Aber dies war ja offenbarer Bruch der durch so viele königliche Eide garantirten Gesetze!" Wahr, unleugbar wahr! Und es kann auch rechtlich Niemand unsere Vorfahren verdammen, dass sie, wenn die Rechtsverletzungen nicht länger zu ertragen und Beseitigung derselben auf friedlichem Wege nicht zu erlangen war, schliesslich zu den Waffen griffen, es kann Niemandem in den Sinn kommen, das Blut der Nation, welches in ihren Aufständen für das heiligste nationale Recht floss, gering anzuschlagen, oder dem Andenken dieser rühmlichen Freiheitsliebe unserer Vorfahren die Bewunderung, die Pietät zu verweigern. — Doch bei aller Pietät verdienen sie dennoch strengen Tadel dafür, dass sie den einzigen, zum Ziele führenden Weg nicht einschlagen wollten, der das, für den heiligen Zweck vergossene nationale Blut fruchtbringend, die fortwährende Wiederholung jener Insurrektionen unnöthig gemacht hätte; sie verdienen Tadel dafür, dass sie, trotzdem ihr edles Blut so oft floss, dennoch durch ihr Vorgehen das Land in immer grössere Kraftlosigkeit versinken liessen, dadurch die Zukunft ihrer Nachkommen immer mehr kompromittirten, und, wenn auch nicht absichtlich, doch zugaben, dass sich für ihre Enkel immer schwerere Wirrnisse herausbildeten.

Nach dem Tode Josefs II., der, wie wir wissen, nicht blos unsere gesetzliche Unabhängigkeit verletzte, sondern unseren ganzen Konstitutionalismus vernichtete, ja uns sogar eine fremde Sprache aufzwang — bot sich der Nation wieder eine gute Gelegenheit, ihre Jahrhunderte alten Uebel gründlich zu beseitigen, und die nicht berechtigten fremden Eingriffe für immer unmöglich zu machen. Eine aufrührerische Bewegung verbreitete sich durch das Land, und der neue Thronfolger, der in seinem frühern Reiche, in Toscana, während seiner Regierung viele Zeichen eines guten Willens und weiser Einsicht gegeben hatte, zeigte sich geneigt, den Willen der Nation zu erfüllen.

Die öffentliche Meinung wünschte, dass er, bevor er sich krönen lasse, der Nation Zeit gewähre, über ihre Staatsangelegenheiten auf dem Landtag zu berathen. Er erfüllte den allgemeinen Wunsch, berief den Landtag nach Ofen, und liess die Stände dort fast ein halbes Jahr mit Berathungen unter sich zubringen. Um zu verhindern, dass Jemand unter ihnen in seiner patriotischen Pflicht wankend werde, verpflichteten sich die Stände vor Allem durch einen Eid, vom Hofe im Verlaufe der Session keinerlei Würde oder Auszeichnung anzunehmen. Gross und allgemein war die Begeisterung, das Wohl des Vaterlandes zu sichern. Die Berathungen begannen mit der Debatte über das Krönungsdiplom. Die öffentliche Meinung war dafür, die königliche Macht zu beschränken, die nationale Unabhängigkeit und Verfassungsmässigkeit in ihrem ganzen Umfange wiederherzustellen; und weil viele, ja ganze Komitate geltend machten, dass die in der pragmatischen Sanktion festgesetzte Erbfolge durch die ungesetzliche Regierung Josefs unterbrochen sei, so wollten sie mit dem Herrscher einen neuen Vertrag vereinbaren, und zu diesem Zwecke ein neues Krönungsdiplom und, wie es im Jahre 1608 geschehen war, antecoronationale Gesetzartikel verfasst wissen.

In dem neuen Krönungsdiplom wollten sie das alte um folgende wichtigere Punkte vermehren: der König erkennt an, dass das Recht, Gesetze zu schaffen, auszulegen und aufzuheben, der Nation gemeinschaftlich mit ihrem gekrönten Könige zukommt; er garantirt demgemäss der Nation, dass weder er noch seine Nachfolger durch Befehle und Hofdecrete regieren, und er und sein

Nachfolger auch die exekutive Gewalt nur im Sinne der Gesetze üben werden; der König garantirt dem Lande, dass er die Gesetze über Kriegs- und Friedensrecht beobachten und besonders zum Abschlusse eines Friedens mit den Türken immer auch einen Ungar als Gesandten entsenden wird; er erkennt an, dass er Siebenbürgen und Galizien zufolge des Rechtes der ungarischen Krone besitze, und Siebenbürgen nach dessen eigenen Gesetzen regieren werde; dem Thronerben, der die Rechte des Landes nicht durch ein Diplom garantirt und den gesetzlichen Eid nicht leistet, steht kein Recht zur Ausübung der königlichen Gewalt zu; der neue König ist verpflichtet, innerhalb dreier Monate nach dem Tode seines Vorgängers den Landtag einzuberufen, und falls er dies unterlassen sollte, sind die Stände des Landes berechtigt nach Verlauf von sechs Monaten auch ohne Einberufung zusammenzutreten. Endlich setzten sie auch die Bestimmung ins Krönungsdiplom, dass die Stände des Landes nicht verpflichtet seien, solchen Verordnungen des Königs Gehorsam zu leisten, durch welche die Gesetze verletzt werden.

Leopold, der um jeden Preis den Schein vermeiden wollte, als würde er die Unterbrechung der Erbfolge anerkennen, erklärte mit Bestimmtheit: er werde kein anderes als das bei der Annahme der pragmatischen Sanction verfasste Krönungsdiplom acceptiren, doch wolle er im Sinne des Vertrages von 1723 die Gesetze halten; er sei demgemäss bereit, sowol den Beschwerden abzuhelfen, als auch die neuen Gesetzentwürfe nach seiner Krönung zu sanctioniren. Zu einigen Gesetzentwürfen gab er schon im Vorhinein seine Zustimmung; besonders zu jenem über die periodische Abhaltung der Landtage; über den gesetzlichen Wirkungskreis der Regierungsbehörden; über die Rechte der Hauptwürdenträger des Landes; über die Entsendung eines ungarischen Gesandten zu Friedensschlüssen, die das Land betreffen.

Aehnlich erklärte er seine Uebereinstimmung damit, dass gewisse Fragen, die ihm in eigenen Artikeln unterbreitet worden waren, in besonderen Gesetzen geregelt werden. Es sind dies folgende Fragen: Vor Allem die Bestimmung, dass die Angelegenheiten des **Salzpreises**, der **Zölle** und **Bergwerke** immer durch den Landtag, unter Mitwirkung der Stände erledigt werden sollen, ferner das System der Jugenderziehung; der Gebrauch der ungarischen Sprache; die Gründung einer Landeskasse; die Verwendung ungarischer Offiziere bei den ungarischen Regimentern u. s. w.

Ein schönes Schauspiel: Der Fürst, der in seiner Weisheit einsah, dass die fortwährende Gereiztheit, in der die gesetzverletzende Regierung seiner Vorfahren das Land erhalten hatte, die Ungerechtigkeit, mit welcher dessen materielle und geistige Interessen so schwer verletzt und den Interessen der österreichischen Provinzen geopfert wurden, die Kraft der ganzen Monarchie lähmen und deren Entwickelung verhindern mussten, — der Fürst selbst kam den Ständen des Landes entgegen, beantragte selber die zweckmässigere Organisation einiger der gemeinsamen Angelegenheiten. Diese Weisheit und Billigkeit konnten als Bürgschaft dienen, dass Leopold auch in allen übrigen Angelegenheiten geneigt sein werde, eine, die beiden Theile der Monarchie befriedigende billige, neue Organisation zu schaffen.

Es fehlte endlich einmal auch bei den Ständen in dieser Beziehung nicht an gutem Willen, aber sie begingen auch jetzt einen grossen Fehler, der die Erfüllung der Hoffnungen wieder auf ein halbes Jahrhundert verhinderte.

Was geschah also in dieser Hinsicht im fernern Verlaufe des nach Pressburg übersiedelten Landtages?

Die Berathungen, die in Ofen über die Restituirung und Sicherung der Unabhängigkeit und Verfassungsmässigkeit der Nation gepflogen wurden, blieben nicht ohne alle Früchte. Beim Lichte geklärterer Begriffe von den Details der Staatsangelegenheiten begannen die Stände einzusehen, dass die nationale Unabhängigkeit durch Gesetze, welche ähnlich den älteren in allgemein gehaltenen Worten abgefasst würden, vor den Einmischungen der Fremden nicht bewahrt werden könne. Sie begannen endlich an eine detaillirte Organisation zu denken, welche auch die Anforderungen des Verbandes mit Oesterreich in Rechnung ziehen sollte. Ganz konnten sie sich zwar noch nicht von den ererbten irrigen Begriffen und Vorurtheilen lossagen, soviel wurde ihnen jedoch jedenfalls schon klar, dass die Verwaltung des Landes ohne arges Zurückbleiben desselben und ohne Gefährdung der Verfassung und der Unabhängigkeit selbst nicht länger in ihrer bisherigen, veralteten überaus mangelhaften Form bestehen könne, dass man sie erneuern, gründlich reformiren müsse, um den in jeder Beziehung stagnirenden Staat zum Fortschritte anzuregen, und vor Verletzungen und Unterdrückungen, wie sie in der Vergangenheit vorkamen, zu bewahren. Es war indess unmöglich, dass sie nicht fühlen hätten sollen, wie so viele und vielerlei, tiefeinschneidende Reformen weit mehr geistige und materielle Vorkehrungen, mehr Vorarbeiten und Zeit erheischten, als dass sie hoffen dürften, diese Reformen mit Aussicht auf guten Erfolg schon auf diesem Landtage zu beginnen, der wegen seiner Ordnungslosigkeit selber der Reform bedurfte. Sie ernannten daher aus ihrer Mitte neun Kommissionen zur Ausarbeitung dieser Neuerungen und machten es ihnen zur Pflicht, das Elaborat unmittelbar nach Schluss der Landtagssession zu beginnen und der nächsten Legislative zu unterbreiten. Bis dahin erledigten sie blos einige unaufschiebbare Gegenstände, und wollten nur durch das Aussprechen eines allgemeinen Prinzipes die Unabhängigkeit und Selbstständigkeit der Regierung des Landes sichern, was denn auch durch den König in dem folgenden Gesetze sanctionirt wurde:

„Se. Majestät erkennt an und bezeugt, dass Ungarn trotz der Annahme der pragmatischen Sanktion, sammt seinen partibus adnexis ein freies und in Bezug auf seine gesammte legale Regierungsform — sowie auch auf seine Regierungsbehörde — unabhängiges Land ist, das von keinem andern Lande oder Volke abhängt, seine eigene Selbstständigkeit und Verfassung besitzt, und demzufolge von seinem gesetzlich gekrönten Könige — daher von Sr. Majestät und dessen Nachfolgern, den Königen von Ungarn — blos nach seinen eigenen Gesetzen und Gebräuchen und nicht nach Art anderer Provinzen zu regieren und zu verwalten ist."

Es folgen alsdann die detaillirten Zusicherungen einiger nationalen Rechte, vornehmlich der folgenden: Die Macht, Gesetze zu schaffen, auszulegen und aufzuheben, kann der König nur in Gemeinsamkeit mit dem Landtage üben, er wird also nicht durch Dekrete und Patente regieren; die Exekutivgewalt kann er nur im Sinne der Gesetze ausüben; der Landtag ist alle drei Jahre einzuberufen. Die Staatsangelegenheiten Ungarns kann der König blos durch Ungarn und nach deren Rath erledigen; demzufolge ist der Statthaltereirath, als höchste Regierungsbehörde von jeder andern Regierungsstelle unabhängig, er ist dem Könige unmittelbar untergeordnet und besitzt alle Befugnisse, die nöthig sind, um die Gesetze in Wirksamkeit zu setzen; wenn der König wünscht, dass das Land ihm irgend welche Subsidien gewähre, möge es sich nun um Geld-, oder Natural- oder Blutsteuer, nämlich um die Stellung von Rekruten fürs Heer handeln, so kann er dieselben nicht willkürlich dem Lande aufbürden, sondern er muss sie immer nur, wie die ordentliche Kriegssteuer, vom Landtage verlangen und sich votiren lassen.

Dies Alles waren ohne Zweifel sehr richtige und zur Wiederherstellung der nationalen Rechte nothwendige Gesetze, jener Rechte, die unter der, durch Verfassungsbrüche ausgezeichneten Regierung Josef II. arg verletzt worden waren. Aber sie leiden dennoch an einem grossen Fehler, der sie später Alle verhinderte, zur vollen Geltung, zu wahrem Leben zu gelangen. Und dieser Fehler war in Folgendem begründet: Die Stände wünschten zwar durch die entsendeten Landeskommissionen Pläne zur Reform der Verwaltung sämmtlicher Staatsangelegenheiten ausarbeiten zu lassen, allein sie hatten es versäumt mit Uebereinstimmung des gemeinsamen Herrschers und der Regierung der österreichischen Erbprinzen vorläufig genau festzustellen, welches die theils von der pragmatischen Sanction, theils von den gemeinsamen Interessen herrührenden Angelegenheiten seien, die weder durch Ungarn, noch durch die Regierung der Erbprovinzen ohne Verletzung des andern Theils allein entschieden werden können, welche also bloss mit gegenseitigem Einverständnisse, durch von beiden Theilen der Monarchie zu entsendende Delegationen billig und giltig organisirt werden dürfen. Die Stände begingen ein Versäumniss, indem sie den anscheinend zur ganz neuen Organisation der Monarchie geneigten Fürsten nicht dazu vermochten, auch von Seiten der österreichischen Erbprovinzen die Entsendung einer Kommission zu veranlassen, die in ihren Arbeiten mit der ungarischen Kommission zusammentretend, den Plan zur künftigen Organisation und Behandlung derjenigen Angelegenheiten ausgearbeitet hätte, welche als gemeinsam stipulirt und als solche erkannt worden wären, die nicht gesondert geregelt werden können. Dieser Plan hätte ebenfalls dem nächsten Landtag zur Abfassung eines entsprechenden Gesetzes vorgelegt werden müssen und dies würde zur Folge gehabt haben, dass die als gemeinsam anerkannten Angelegenheiten nicht länger mit Schmälerung der Rechte der nationalen Unabhängigkeit, zum unabsehbaren Schaden des Landes, unter dem einseitig entscheidenden Einflusse der deutschen Minister und Regierungsbehörden geblieben wären. Denn, so wie die Stände selbst die hieraus entsprungenen Uebelstände schmerzlich fühlten, so konnten sie billigerweise auch nicht wünschen, dass künftighin die österreichischen Interessen Verletzungen erleiden. Noch mehr, sie konnten nicht einmal hoffen, dass auch die zweckmässigsten Pläne, welche die ungarischen Kommissionen in Bezug auf das Heer, auf die an den ausländischen Grenzen bestehenden Zölle, auf die Vertretung des gemeinsamen Fürsten bei den auswärtigen Mächten, auf Friedensschlüsse, und andere Verträge, ausarbeiten würden, — ohne die Mitwirkung der österreichischen Regierung jemals zur Geltung gelangen könnten. Ohne die Bestimmung der gemeinsamen Angelegenheiten, ohne die Organisation ihres Behandlungsmodus mussten also die Elaborate der Landeskommissionen lückenhaft bleiben, lückenhaft sowohl in Bezug auf diese wichtigsten Lebensfragen des Landes, als auch auf zahlreiche, strenggenommen innere Angelegenheiten, — und dass aus dieser Lückenhaftigkeit wieder nur für Ungarn der grössere Schaden erwachsen musste, ist klar.

Und dass das Versäumniss die gemeinsamen Angelegenheiten festzustellen und klar anzuführen, unserem Vaterlande wirklich schädlich wurde, das beweist genugsam die Geschichte des folgenden halben Jahrhunderts. Die Regnikolarkommissionen vollendeten zwar ihre Reformelaborate, doch wurden sie erst 1825 vom Landtage zur Verhandlung vorgenommen. Schuld an der Verschleppung trug theils der Ausbruch des französischen Krieges, der die gehörige Zeit und Ruhe nicht gewährt hatte, theils auch der Nachfolger des früh dahingeschiedenen Leopold, Franz, der bei seinem zum Absolutismus hinneigenden, argwöhnischen Charakter eine Organisation fürchtete, welche den Zweck hatte, die Verfassungsmässigkeit auch in solchen Angelegenheiten zu kräftigen, die er nach dem Beispiel seiner Vorfahren gerne willkürlich entschieden hätte. Er fürchtete diese Organisation umsomehr, als die gemeinsamen Angelegenheiten nicht klar festgestellt waren und er die Besorgniss hegte, die auf ihre Unabhängigkeit, und mit Recht, so eifersüchtige Nation könnte bei ihrer, in Folge der Widerwärtigkeiten des Krieges häufig sehr drückenden Lage durch die Debatten über jene Angelegenheiten auf ein gefährliches Terrain verlockt werden.

So geschah es alsdann, dass die Regierung des Landes, trotz des oben citirten, so stolzklingenden Gesetzartikels X. 1790 in jeder Beziehung im alten Geleise blieb, ja in mehrfacher Hinsicht die Rechte noch mehr verletzte, als sie es bisher that; denn Franz liess nicht blos die gemeinsamen Angelegenheiten ganz nach seiner Willkür durch die deutschen Minister erledigen, sondern dehnte seinen Absolutismus auch auf immer zahlreichere innere Angelegenheiten aus. Soll ich zum Beispiel die willkürliche Erhöhung der Kriegssteuer und des Salzpreises, die Aushebung von Rekruten auf Grund eines Hofdecretes, die mehrmalige Devalvation der Geldwerthe, u. s. w. erwähnen? Und als die Komitate sich den Muth nahmen, gegen diese schweren Verletzungen an den König eine Adresse zu richten, als die Landtage wagten, ihren Protest auszusprechen, erhielten sie etwa nicht zur Antwort, dass diese Angelegenheiten nicht der Entscheidung der Nation zustehen, dass über diese vielmehr Se. Majestät der König mit Plenipotenz verfügt? Mussten die wackern, muthigen Vertheidiger der nationalen Rechte nicht mehrmals sogar harte, verweisende Worte, oder gar die Ausflucht hören, dass das Interesse der gesammten Monarchie die willkürlichen Verfügungen nothwendig machte?

Es ist wahr, dass selbst die liberalsten und zweckdienlichsten Bestimmungen nicht fähig sind, die Unabhängigkeit und die konstitutionellen Rechte unter allen Umständen zu wahren. Aber auch das ist wahr, dass die detaillirte Organisation der Staatsangelegenheiten, und ihrer Natur entsprechende konstitutionelle Einrichtungen Uebergriffe der Herrscherwillkür erschweren, das Selbstgefühl der Nation erhöhen, deren moralische Kraft stählen und der Nation als Sporn dazu dienen, im Falle die Einrichtungen ungenügend sein sollten, der Willkühr den passiven Widerstand der vis inertiae entgegenzusetzen.

Und dies that die Nation 1823 denn auch im vollsten Masse, und Dank und Ruhm dafür dem Andenken der entschlossenen Kämpfer für die Rechte der Nation. Doch selbst der passive Widerstand war nur in Bezug auf die im strengsten Sinne inneren Angelegenheiten im Stande, die Verfassungsmässigkeit einigermassen wiederherzustellen; die gemeinsamen auswärtigen, Heeres- und Handelsangelegenheiten blieben nach wie vor dem Einflusse der Nation entzogen; ja in Folge der Macht der Verhältnisse, die sich aus den immer grösseren, über die ganze Monarchie sich erstreckenden finanziellen Wirren entwickelten, vermehrten sie sich, zwar nicht rechtlich, aber doch faktisch, noch um eine gemeinsame Angelegenheit: um die Staatsschulden. Und dies Alles konnte nur darum geschehen, weil unsere Vorfahren, geleitet von ihrem Stolze und von Vorurtheilen, die aus irrigen Begriffen über die nationale Unabhängigkeit stammten, versäumt hatten, die gemeinsamen Angelegenheiten offen zu bekennen und genau festzustellen!

Die direkte Folge von alledem waren die Wirren von 1848, und all jene Gefahren und Leiden, von welchen unsere Nation seither überhäuft war.

Die günstige Constellation der Umstände und die aus den letzteren sich ergebende Nothwendigkeit forderten endlich gebieterisch den definitiven Ausgleich und das Paktiren mit Oesterreich. Der gemeinsame Herrscher hatte dort früher mit absoluter Macht regiert; und eine der Hauptursachen davon lag wirklich darin, dass wir in Bezug auf unsere gemeinsame Angelegenheiten nicht ins Reine kommen konnten, ja auch in den übrigen so viele Gravamina erlitten. Die Revolution gab Oesterreich eine Verfassung und in Folge dessen wurde der Ausgleich über die gemeinsamen Angelegenheiten unumgänglich nothwendig. Dass der Hof die gemeinsamen Angelegenheiten in einer unsere Rechte verletzenden Weise verwaltete, konnte früher, wenn auch sehr ungenügend, doch damit entschuldigt werden, dass der gemeinsame Herrscher diese Angelegenheiten, soweit sie Oesterreich betreffen, als dessen Kaiser mit unumschränkter, absoluter Macht und insoferne sie sich auf Ungarn beziehen, kraft seiner königlichen Gewalt erledigte, in deren Ausübung ihm die Gesetze einen weiten Spielraum gewähren. Jetzt aber, im Jahre 1848, wo sich auch in Oesterreich eine verantwortliche Ministerialregierung konstituirte, und weder das ungarische, noch das österreichische Ministerium allein die gemeinsamen Angelegenheiten behandeln konnte, jetzt ward die Abrechnung unabweisbar. Es musste mit strenger Genauigkeit festgestellt werden, welches jene gemeinsamen Angelegenheiten seien, die von einem Ministerium oder einer Legislative ohne den gleichberechtigten Einfluss und die Einstimmung des andern Theiles nicht erledigt werden können. Man musste ferner auch den Modus genau bestimmen, der es den beiden Theilen ermöglichte, in Zukunft gleichmässig ihren Einfluss auf die gemeinsamen Angelegenheiten zu üben.

Leider beeilten sich die beiden gleichberechtigten Theile der Monarchie nicht genug, miteinander in ein enges Bündniss zu treten und brüderlich jene gemeinsamen Angelegenheiten zu ordnen, die sie beide doch in gleichem Masse berührten. Der in der Ausübung seiner bisherigen absoluten Gewalt beschränkte Hof und dessen gefallene Bureaukratie zögerten nicht, dieses Versäumniss zu ihrem Vortheile auszubeuten. Beide unterstützten gemeinsam eine ränkevolle Reaktion, die in beiden Theilen der Monarchie die junge Freiheit und parlamentarische Regierung zu Falle brachte.

Ich kann mich hier nicht in die Erzählung alles dessen einlassen; ich erzählte dies Alles detaillirt und unparteiisch in meiner Geschichte unserer Unabhängigkeitskämpfe. Einiges muss ich jedoch zur Beleuchtung unserer heutigen Zustände dennoch erwähnen.

Der erste Schritt, den die Reaktion machte, um unsere Angelegenheiten zu verwickeln, bestand darin, dass sie eben die häkeligste Frage, die Staatsschuldenfrage zuerst aufs Tapet brachte, und forderte, dass Ungarn von diesen Staatsschulden 200 Millionen und als Zinsen dieser Summe jährliche 10 Millionen übernehme. Wären die gemeinsamen Angelegenheiten etwas früher, z. B. 1790, geregelt worden, so würde es Niemandem auch nur in den Sinn gekommen sein von uns zu verlangen, dass wir an den, übrigens unbedeutenden Staatsschulden theilnehmen mögen, die man ohne unsere Einwilligung gemacht, und die, da man sie zumeist zum Besten der österreichischen Provinzen verwandt hatte, auch diesen zur Last geschrieben werden mussten. Und dass jetzt auch unsere Theilnahme an denselben gefordert ward, dies war das Resultat unseres Versäumnisses, war die Folge davon, dass wir die gemeinsamen Angelegenheiten nicht schon früher präcisirt hatten.

Was nun genauer genommen diese Frage betrifft, so ist es wahr, dass die schon bedeutenden Staatsschulden, die im Jahre 1848 existirten, ebenfalls ohne unsere Einwilligung gemacht wurden; wir hatten also von Rechtswegen ihnen gegenüber jetzt ebensowenig Pflichten als früher; allein jetzt trat nicht mehr der Gesichtspunkt der Legalität allein, sondern auch der der Billigkeit ins Spiel. Es ist wahr, dass von den ansehnlich aufgehäuften Staatsschulden auf Ungarn nichts verwandt wurde, doch dieselben ganz auf den Schultern der österr. Provinzen lassen, hätte erstens soviel geheissen, wie die letzteren zu Grunde richten, da sie doch gleichfalls nicht befragt wurden, als die Regierung diese Schulden machte, und zweitens erforderte es unser eigenes Interesse, Österreich im Tragen der Lasten billig zu unterstützen; denn jetzt hatten wir es nicht mehr mit dem gemeinsamen Herrscher allein, sondern mit den Völkern selbst zu thun, und deren Bestand und Wohl konnte uns durchaus nicht gleichgiltig sein, da ihr Ruin in materieller und constitutioneller Beziehung auch den unsrigen unabwendbar nach sich ziehen musste. Durch diese verhältnissmässige geringe Summe hätten wir damals ferner unsere natürlichen Verbündeten, mit denen zusammen wir dem gleichen Herrscher huldigen, uns auf ewig verpflichten können; unsere Billigkeit, unser freundschaftlicher Ausgleich würden uns gegenseitig das Gelingen unserer Neugestaltung garantirt, wir würden einander als Stütze gedient haben gegen den gemeinsamen Feind, gegen die, uns beide mit ihrem Grimm bedrohende Reaktion; während die Verweigerung unserer Theilnahme an den Staatsschulden uns nothwendigerweise die Völker zu Feinden machte, und sie zwang, sich, freilich zu ihrem eigenen Verderben, mit der gegen uns aufgehetzten Reaktion zu verbinden.

Hätte also die Staatsklugheit nicht gefordert, dass wir mit ihnen, als eine Nation mit der andern, auf Grundlage der Parität, der Gleichberechtigung, paktiren, und uns, wenngleich mit Opfern die unendlich grossen Interessen sichern, welche sonst in Gefahr schwebten? Durch die Uebernahme einer Staatsschuld von 200 Millionen, durch die Bezahlung deren jährlicher Zinsen im Betrage von 10 Millionen, die der ungarische Staat, zwar ohne unser Wissen und unsere Zustimmung, doch faktisch auch bisher aus seinen Einkünften bezahlte, hätten wir uns auf ewig unsere Unabhängigkeit in ihrem ganzen Umfange, die vollkommene Autonomie in den inneren, den gleichen Einfluss auf die äussern Angelegenheiten sichern können, wir hätten uns vor einem anders unvermeidlichen Kriege bewahren können, dessen Ausgang überaus zweifelhaft war, der uns jedoch auch im günstigsten Falle Opfer kostete, die jene 200 Millionen weit überstiegen; wir hätten uns endlich den schrecklichen Sturz, mit welchem der Krieg endigte und all' jene unaussprechlichen Leiden ersparen können, die nahezu eine ganze Generation hindurch unser Vaterland wieder beugten. Mit 200 Millionen hätten wir uns damals von alledem freikaufen können, während wir jetzt, nach so viel Opfern und Leiden, gezwungen sind, die Wiederherstellung unserer Unabhängigkeit, unseres konstitutionellen Lebens, um 600 Millionen zu erkaufen.

Ich sagte, dass wir damals durch die Uebernahme

der 200 Millionen Schulden unsere Unabhängigkeit und unseren reformirten Konstitutionalismus für immer hätten sichern können; die übrigen gemeinsamen Angelegenheiten erwähne ich nicht, weil die Hauptbedingung zur gerechten Organisation derselben die Uebernahme der Staatsschuld war. Indem wir die 200 Millionen den Staatsschulden opferten, hätten wir die Reaktion verhindert, jenes Terrain zu gewinnen, auf welchem sie später so ränkevoll thätig war; und wenn sie auch nach ihrer Verdrängung aus diesem Terrain ihre Intriguen fortgesetzt hätte, so würden wir, Hand in Hand mit den in unsere Freunde verwandelten Erbprovinzen, das Gewebe der gegen uns beide gesponnenen Cabalen leicht zerrissen haben.

Und wer stellte sich damals am heftigsten der Uebernahme dieser 200 Millionen Staatsschulden entgegen? Nicht Ludwig Kossuth, der in seiner Staatsweisheit meinte, er werde auch ohne dieses Opfer den Bestand der endlich wiedererlangten nationalen Unabhängigkeit erkämpfen können, und der uns schliesslich zur schrecklichen Katastrophe von Világos führte?

III.

Kossuths Irrthümer im Fünfkirchner Briefe.

Muss nicht jeder klardenkende, von Leidenschaften ungeblendete Mensch aus all den historischen Thatsachen, die ich dargestellt und den Erläuterungen, mit welchen ich dieselben begleitete, dasselbe folgern, was auch ich in meinem Szegediner Briefe als das unläugbare Resultat unserer Geschichte der letzten vierthalb Jahrhunderte dargestellt habe: es sei nämlich die Hauptquelle aller Leiden unserer Nation während dieses Zeitraumes in dem Umstande zu suchen, dass die Nation in ihren irrigen Begriffen von nationaler Unabhängigkeit, diese immer blos in allgemeinen Prinzipien und Sätzen proklamirte, wenn sie dieselbe sich in ihren Gesetzen legal sichern wollte; daran aber nicht dachte, dass sie auch die Behandlung der aus dem Verbande mit Österreich fliessenden gemeinsamen Angelegenheiten detaillirt regeln müsse? Sie glaubte, dass die Freiheit gesichert sei, wenn in den Landesgesetzen ausgesprochen ist, Ungarn sei ein unabhängiges Land, das nicht nach dem Modus der Erbprovinzen, sondern nach seinen eigenen Gesetzen regiert werden soll; während die gemeinsamen Angelegenheiten, weil sie nie bestimmt wurden, weil nie festgestellt ward, wie die auswärtigen, die Heeres- und Handelsangelegenheiten zu behandeln seien, immer in den Händen der Fremden blieben.

Die Ursache dieser Versäumniss lag, wie ich früher dargethan, theils darin, dass unsere Könige, die weit lieber absolutistisch regierten, diese Angelegenheiten nur ungern aus den Händen geben wollten, um sie der konstitutionellen Behandlung zu unterziehen; aber sie lag auch theilweise darin, dass unsere Vorfahren irrthümlicherweise glaubten, ihre Unabhängigkeit würde Einbusse erleiden, wenn sie sich über diese Angelegenheiten mit dem andern Theile der Monarchie, den dieselben doch eben so sehr berührten, selbst auf Grundlage der Parität einigen würden; und deshalb versuchten sie es nicht einmal, eine Einigung zu Stande zu bringen, und zu einer solchen unter günstigen Umständen auch den Herrscher zu nöthigen. Diesen Fehler begingen auch wir selbst im Jahre 1848. Was das Resultat davon war, das habe ich nicht nöthig zu wiederholen.

Dies also war der Inhalt, der Kern des Szegediner Briefes.

Ludwig Kossuth theilt, wie es scheint, allen bitteren Erfahrungen zum Trotze auch heute noch jenen irrigen Begriff unserer Vorfahren von der nationalen Unabhängigkeit; denn er greift mich in seinem Briefe an die Fünfkirchner Wähler dafür an, dass ich diesen Irrthum unserer Ahnen klar machte und rügte, und dass ich behaupte: „unsere Konstitution habe seit vierthalb Jahrhunderten nie auf gesicherterer Grundlage geruht, unsere Freiheit nie so viele Garantien besessen, wir hätten über unsere Staatsangelegenheiten seit Jahrhunderten nicht mit so viel Freiheit und Unabhängigkeit, trotz dem 10. Gesetze 1790 verfügt; und auch die 48-er Gesetze selbst hätten sich in dieser Richtung entwickeln müssen, wenn wir den unheilvollen Krieg vermeiden wollten?"

Er leugnet, dass die Gesetze, wie ich behauptete, todtgeboren seien, welche die nationale Unabhängigkeit zwar in allgemeinen Worten verkündeten, aber es versäumten, die faktische Ausübung dieser Unabhängigkeit in jenen

Angelegenheiten zu stipuliren, welche auch Oesterreich gemeinsam betreffen. — Nun freilich, jene Gesetze über die Unabhängigkeit sind bis auf ihren letzten Buchstaben zur vollen Geltung erhoben worden, sie haben unsere Nation in eine solche Prosperität, in eine so glückliche Lage gebracht, dass seit vierthalb Jahrhunderten der stille, ungetrübte Lauf der Geschichte unseres Landes nur von Blüthen umrahmt ist!

Um mich anzugreifen, hat er sich nicht entblödet, auch Verdrehungen zu benützen, die seiner durchaus nicht würdig sind. Oder ist es nicht Entstellung, wenn er behauptet, ich hätte die lobenswerthen Bestrebungen für ihre staatliche Unabhängigkeit, und nicht jene Irrthümer unserer Ahnen gerügt, welchen zufolge diese in ihren Bestrebungen eine schlechte Richtung einschlugen, die niemals zur Erreichung des heiligen Zieles führen konnte, die ihre ungeheuren Opfer resultatlos machte; — oder wenn er behauptet, ich hätte „die Nothwendigkeit verkündet, den wichtigsten Rechten der nationalen Unabhängigkeit zu entsagen, die doch das leitende Prinzip unseres gesammten nationalen Lebens bildete," als ob ich es nicht immer als den einzigen Fehler an unseren Ahnen gerügt hätte, dass sie es fortwährend versäumten, die Bestimmung der Angelegenheiten von gemeinsamem Interesse und die Organisation ihrer Behandlung festzustellen, da doch dies der einzige, zweckdienliche Modus war, ihre Unabhängigkeit zur Lebensfähigkeit zu erheben, und die Freiheit erfolgreicher zu bewahren, als durch so häufige Aufstände, in welchen unsere Vorfahren ihr Blut stromweise für die Bewahrung der nationalen Unabhängigkeit vergossen. Ich beschuldige, von der berechtigten Freiheit des Historikers Gebrauch machend, unsere Nation nur dessen, dass sie aus Stolz, aus Vorurtheil mit den Umständen und der Macht der Verhältnisse nicht paktiren wollte, dass sie es daher

versäumte, ihre Unabhängigkeit thatsächlich
zu schützen, dass sie es duldete, wenn ihre gemeinsamen
Angelegenheiten ohne ihren Einfluss immer durch Fremde
geleitet wurden: — und Ludwig Kossuth will seine Fünfkirchner Wähler glauben machen, dass ich unserer Nation ihr Streben nach Unabhängigkeit ver-
üble! Er klagt mich des Cynismus, der Impietät gegen
das heilige Andenken der vergangenen Zeiten an, weil ich
den Fehler der Nation aufdeckte, welcher verursachte,
dass sie trotz Jahrhunderte langer ruhmreicher Kämpfe,
trotz ungeheurer Opfer nicht im Stande war, ihre staatliche Unabhängigkeit zu sichern [1].

Doch ich begreife diese Verirrung L. K.'s; er selbst
spricht sie ja in seinem Fünfkirchner Briefe deutlich aus;
er hegt dieselben irrigen Begriffe, welche es verursachten,
dass unsere Vorfahren selbst um den Preis Jahrhunderte
langer Leiden, heroischer Selbstaufopferung nicht im Stande
waren, ihre staatliche Unabhängigkeit zu wahren, und zu
verwirklichen; denn die deutschen Minister mengten sich

---

[1] Auf den Vorwurf der Impietät und des Cynismus bemerke
ich nur nebenbei: Seit wann ist L. K. ein so eifriger Apostel der
Pietät geworden, seit wann möchte er sie in der Geschichtschrei-
bung angewandt sehen, deren Hauptregel nicht Pietät, sondern
Wahrheit und Treue ist? Ich weiss mich noch ganz gut zu erinnern,
dass er einst, als Redakteur des „Pesti Hirlap", in Staatsfragen
jeder Autorität und Pietät den Vernichtungskrieg ankündigte. Und
wenn durchaus Jemand des Cynismus angeklagt werden soll, so
kann diese Anklage nicht Denjenigen treffen, der historische Thatsachen unangenehmen Angedenkens, vielleicht mit schmerzlichen
Gefühlen, aber getreu erzählt, — sondern Denjenigen, der diese
Thatsachen absichtlich entstellt, der die Leidenschaften der unverständigen Masse gegen den gesetzlich ausgesprochenen Willen der
Nation aufhetzt, der den legal konstituirten Reichstag der Nation
fälschlich zu beschuldigen wagt, er habe die Unabhängigkeit des
Landes aufgegeben: der diese Beschuldigung eben damals zu erheben wagt, wo der Reichstag die Unabhängigkeit des Landes, die
Jahrhunderte hindurch ein leeres Wort war und blos auf dem Pa-
pier stand, verkörpert und zu wirklichem Leben gelangen lässt.

ja vierthalb Jahrhunderte hindurch in unsere Angelegenheiten und erledigten unsere diplomatischen-, Heeres- und Handelsfragen ohne jeden Einfluss von unserer Seite.

Nach Ludwig Kossuth besteht die staatliche Unabhängigkeit darin, dass sich die Nation mit Niemand in Unterhandlungen einlasse; dass sie selbst mit ihrem Nachbar keinen Vertrag schliesse, mit dem Nachbar, der von dem gemeinsamen Herrscher regiert wird, dessen Handels-Vertheidigungsinteressen u. s. w. mit den unsrigen gemeinsam sind. In Bezug auf diese letzteren mit dem Nachbar sich einigen und paktiren, wäre nach ihm eine Verletzung der nationalen Unabhängigkeit. Mag dieselben lieber der Nachbar allein entscheiden, als dass die Nation mit ihm einen Vertrag eingehe! Und wie dann, wenn der Nachbar Alles zu seinem eigenen Vortheile und zum Schaden der Nation entscheiden würde? dann mag die Nation immerhin ausrufen: ich bin unabhängig, aber sie möge ja keine Vereinbarung treffen, der zufolge diese gemeinsamen Angelegenheiten in Zukunft durch den Einfluss Beider entschieden würden; denn diesbezüglich mit Anderen, und sei es auch auf Grundlage der vollkommensten Parität, sich einigen, wäre der Nation unwürdig, würde ihre Unabhängigkeit verletzen! Wahrhaftig „es ist unmöglich, dass man nicht traurig werde über diesen beispiellosen Eigendünkel, der so die Interessen der Nation aufgeopfert, aber man muss erstaunen über die Verirrung, die damit noch der Nation einen Dienst zu erweisen glaubt!"

Denn ich für mich wenigstens glaube, dass unsere Freiheit, unsere Unabhängigkeit nicht dann verletzt werden, wenn wir mit unserem Gefährten, den das Schiksal an uns knüpfte, zur Erreichung des gemeinsamen Zieles einen Vertrag schliessen, uns einen gleichen Einfluss auf den gemeinsamen Besitz und die gemeinsamen Interessen wahren, und auch den Modus der Ausübung dieses Einflusses gemeinsam stipuliren; sondern unsere Selbstständigkeit wird dann verletzt, wenn wir dies Alles zu thun versäumten und in Folge dessen gezwungen sind zu dulden, dass unser Gefährte unser Versäumniss zu seinem Vortheile ausbeutet und sich ein solches Uebergewicht über uns anmasst, dass er uns aus dem gemeinsamen Besitzthume hinauswirft oder diesen zu unserem Schaden nach seiner Willkür verwaltet, ohne uns eine Einrede zu gestatten. Es war aber dann auch ganz unnütz, unserem gewaltthätigen Gefährten immer nur zu wiederholen: dies ist Ungerechtigkeit, Unbilligkeit, denn ich bin selbstständig, und lasse meine Freiheit auch dem zwischen uns bestehenden Verbande zum Trotze nicht schmälern. Und schliesslich können wir unsere verletzten Rechte, unsere Selbstständigkeit nur so zurückerlangen, unsere Interessen nur so wahren, wenn wir uns mit unserem Gefährten über den rechtlicherweise uns Beiden in gleichem Masse gebührenden Einfluss hübsch einigen, und den Modus der Behandlung unserer gemeinsamen Angelegenheit feststellen. Widrigenfalls wird unser Leben gewiss ein ewiges Herumzanken sein, im Gebrauche unserer Rechte, in unseren Interessen aber werden wir immer verletzt werden.

Doch Ludwig Kossuth hält dies für unter unserer Würde, für eine Verstümmelung unserer Selbstständigkeit. In seinem Stolze dachte er auch 1848 so. Während eines günstigen Augenblicks benützte er die Betäubung unseres Gefährten, riss die ganze Gewalt an sich, und wollte den Einfluss nicht theilen. Und was war die Folge? Unser Gefährte, in seinen Interessen und rechtlichen Ansprüchen verletzt, intriguirte so lange gegen uns, bis er uns nicht blos alles Einflusses beraubt, sondern ganz aus unserem Besitzthum geworfen hatte.

Doch endlich gelang es uns dennoch, uns mit dem

Gefährten, der lange unser Tyrann gewesen war, auszugleichen, dasjenige, was ausschliesslich unser Eigenthum, vollständig in Besitz zu nehmen, und uns in Bezug auf das Gemeinsame für die Zukunft den gleichen Einfluss zu sichern. Es ist allerdings wahr, dass wir nicht ohne jedes Opfer unserseits den mächtigen Gefährten zu diesem Vertrage bewegen konnten; doch wo höhere, theuerere Interessen es forderten, brachten wir auch Opfer; und jetzt, Gott sei Dank, können wir endlich beruhigt sein. Bei gleichem Einflusse unseres Gefährten auf die gemeinsamen Angelegenheiten, können wir die blos uns berührenden Dinge nach unserer besten Einsicht, nach unserem Belieben selbst entscheiden. Wir beginnen denn auch in jeder Beziehung zu gedeihen. Noch straucheln wir zwar, es ist wahr, noch begehen wir manche Irrthümer, denn nachdem wir so lange unter Vormundschaft standen und uns blos am Gängelbande bewegen durften, konnten wir während so kurzer Zeit noch nicht die vollkommene Fähigkeit erwerben, immer gerade vorwärtszuschreiten und wir können uns auf der neuen Bahn manchmal nur tastend weiter bewegen; wir können auch noch nicht so rasch vorwärts kommen, wie Einige wünschen; denn bevor wir die bequeme Landstrasse erreichen können, müssen wir eine schwierige, ermüdende Arbeit vollziehen: wir müssen uns durch die ungeheuren Trümmer der Vergangenheit hindurchwinden, und den Boden unter unseren Füssen von dem Schutte reinigen, damit unser Weg leicht und bequem werde. Dies ist unzweifelhaft eine ermüdende, grosse Kraftanstrengung, energische Ausdauer erheischende Arbeit, während welcher unser Wagen freilich holpert, und hie und da uns auch einen gewaltigen Stoss versetzt.

Aber ziemt es auch starken, vom besten Willen beseelten, vernünftigen Männern, so rasch die Geduld und Ausdauer zu verlieren? Sollten wir in unserer Ungeduld über die Unbequemlichkeiten und unausbleiblichen Kämpfe des Anfangs schon eine andere Richtung einschlagen, ohne zu bedenken, dass wir die grössere Hälfte der Schwierigkeiten schon besiegt haben, dass in einer anderen Richtung — vorausgesetzt selbst, wir könnten zum Ausgangspunkte umkehren, was an und für sich schon ein überaus gefährliches Unternehmen wäre — ohne zu bedenken, sage ich, dass in einer anderen Richtung aller Wahrscheinlichkeit nach noch grössere Schwierigkeiten, noch schwerere, gewagtere Kämpfe, Kämpfe von noch zweifelhafterem Ausgange, unser warten würden? Oder sollte es uns etwa wieder nach den Genüssen der Vergangenheit, dem Glücke der verflossenen achtzehn Jahre gelüsten?!

Ludwig Kossuth selbst will dies gewiss nicht, kann es nicht wollen. Er kann in seinen Ansichten irren, — ist doch Irren eine Folge unserer menschlichen Unvollkommenheit. Die schmerzlichen Erinnerungen an die Vergangenheit; — der völlige Sturz, der auf die so hohe Stellung, die so ruhmreiche Vergangenheit, welche er sein nannte, erfolgt war; — die schwere Busse, die er für seine, von Schwärmerei zwar nicht freie, aber treusinnige, ja in ihrer Gluth manchmal überspannte, jeder Mässigung vergessende Vaterlandsliebe erleiden musste; — die erzwungene Unthätigkeit, zu welcher seine thatendurstige Seele mit Erstickung all' ihrer Triebe im Exile so lange verdammt war, und zu welcher er sich jetzt, von irrigen Ansichten und falscher Scham geleitet, selber verdammt, — die süsse Erinnerung an den Beifall und die Popularität, deren er einst in so grossem Massstabe genoss und die jetzt fehlen; — — all dies und vielleicht noch manches Andere mag in seiner Brust scharfe Dornen zurückgelassen haben, welche ihn bei der Erwägung der Lage, Kraft und Verhältnisse der Nation in Irrthümer führen können, —

denn Irren ist ja eine menschliche Sache; — die stachelnde Begierde nach der Grösse der Nation und in dieser nach seiner eigenen Grösse kann sein von glühender Vaterlandsliebe erfülltes Herz leicht veranlassen, den Irrlichtern schöner Phantasiegebilde nachzujagen. Dies Alles, sagte ich, ist möglich; aber die im hoffnungsvollen Fortschreiten begriffenen Staatsangelegenheiten seines Vaterlandes in das Labyrinth neuer unübersehbarer Verwirrungen stürzen, die glücklich überwundenen Gefahren, die selbst in der Erinnerung noch so schmerzlichen Leiden leichtsinnig über sein Vaterland wiederheraufbeschwören, das kann Ludwig Kossuth gewiss nicht wollen. Und wenn wir trotzdem sehen, dass seine jetzigen Bestrebungen und Agitationen diese Richtung befolgen, so ist dies nicht auf Rechnung seines Willens zu setzen, sondern seiner irrigen Auffassung zuzuschreiben, die daher rührt, dass er nach langem Fernsein die veränderten Verhältnisse und Bedürfnisse, die Mittel und Werkzeuge zur Beglückung des Vaterlandes nicht mehr kennt.

*   *

Und dass dies wirklich so ist, dazu erhalten wir einen neuen Beweis in seinem Fünfkirchner Briefe, in welchem er im Stande ist, meine Behauptung, dass unsere Verfassung seit vierthalb Jahrhunderten niemals auf einer sicherern Grundlage ruhte, und wir seit Jahrhunderten nicht mit so viel Freiheit und Unabhängigkeit über unsere Staatsangelegenheiten verfügen konnten, wie gegenwärtig, — zu leugnen.

Mit zweifelnder Negation, die auch in Andern Zweifel zu erregen strebt, ruft er aus:

„Verfassung!? — Unabhängigkeit!?

„Wir haben einen gemeinsamen Kriegs- und Finanzminister, einen Minister des Auswärtigen, welche die von

Landesangelegenheiten unterschiedenen Staatsangelegenheiten verwalten, die jedoch nicht allein kein Ausfluss des ungarischen, sondern überhaupt gar keines parlamentarischen Systems sind." — Und um der Kürze halber von seinen langgedehnten Sätzen blos die wesentlichsten zu zitiren, —

„Wir haben — fährt er fort — eine österreichisch-ungarische Delegation …

„Wir haben eine einheitlich organisirte, kommandirte und geführte gemeinschaftliche Armee …

„Wir haben andererseits einen ungarischen Landesvertheidigungsminister …

„Wir haben einen Zoll- und Handelsverband …

„Der Reichstag hat das Budgetverhandlungsrecht …"

Ja wohl, wir haben all dies, wenn auch nicht ganz in der Qualität, wie es Ludwig Kossuths scharfe Feder etwas entstellt illustrirt, aber wir haben es. Und das wir all dies haben, was wir viertehalb Jahrhunderte lang nicht hatten, können wir eben dem verdanken, dass unsere Verfassung jetzt auf gesicherterer Grundlage ruht als jemals seit Jahrhunderten, dass wir über unsere Staatsangelegenheiten jetzt mit grösserer Freiheit und Unabhängigkeit verfügen können, als früher, wo dergleichen Institutionen nicht existirten und in Ermangelung derselben unsere gesammten auswärtigen Heeres-, Finanz- und Handelsangelegenheiten ausschliesslich von deutschen, kaiserlichen Ministern nach ihrer Willkür und immer zu unserem Schaden erledigt wurden.

Ja wohl, wir haben bei einem, unsere inneren Angelegenheiten unabhängig verwaltenden, dem Reichstage verantwortlichen Landesministerium, zur Behandlung der gemeinsamen Angelegenheiten Institutionen, in deren Ermangelung diese Angelegenheiten von gemeinsamem Interesse ohne Rechtsverletzung, ohne Beschädigung des einen oder des anderen Theiles kaum oder gar nicht entschieden werden können, Institutionen, deren Mangel, wie ich dargethan, unsere Jahrhunderte alten Uebel und die weder durch den Buchstaben des Gesetzes, noch durch so viele bewaffnete Aufstände jemals beseitigten schweren Verletzungen unserer Unabhängigkeit verursachte.

Wir haben speziell nicht wie sie Kossuth nennt, Reichs-, sondern **gemeinsame** Minister, die von den **Landes**ministern jedenfalls unterschieden werden müssen, da sie die, beide Theile gleichermassen berührenden **gemeinsamen** Angelegenheiten verwalten. Und ist es vielleicht ein Unglück, dass diese Institution ganz neu, dass es weder im ungarischen, noch in irgend einem andern parlamentarischen Systeme etwas Aehnliches gibt? Nebenbei bemerke ich, dass es im ungarischen bisher gar nicht möglich war, weil unser parlamentarisches System überhaupt noch niemals abgeschlossen war. Ehedem hatten wir Ständeversammlungen, und im Jahre 1848 waren wir erst an die Schwelle des parlamentarischen Systems gelangt. Sollen wir denn ewig der für uns so bittern Vergangenheit folgen und niemals versuchen, endlich einmal auch einen neuen Weg einzuschlagen, der uns einer schönern Zukunft entgegenführe?

Und wenn jemand unter uns etwas Neues erdacht hat und dieses auch ins Leben getreten ist, sollen wir es blos darum verwerfen, weil es nicht gleich anfangs so vollkommen ist, wie etwa Minerva, die in voller Reife und Weisheit bewaffnet aus dem Haupte Jupiters sprang? Und endlich, wenn es auch unter den parlamentarischen Systemen keines gibt, das der Institution des gemeinsamen Ministeriums ähnlich, ist dieses nicht der Delegation verantwortlich? Kann es nicht zur Rechenschaft gezogen werden, muss es nicht zurücktreten, wenn ihm die Delegation ein Misstrauensvotum bringt? Ist dies keine genügende

Garantie für uns? Wenn diese Jemandem nicht gefällt, so möge er nur in Gottes Namen eine bessere Institution erdenken, und nach einigen Jahren, aber auch nur dann, wenn sich die gegenwärtige als fehlerhaft herausgestellt, können wir es mit der für besser angepriesenen versuchen.

Ich meinestheils kann mir ganz gut vorstellen, wie einzelne Theile dieser Institution, besonders das Finanz- und Kriegsministerium, durch etwas anderes ersetzt werden, oder vielleicht ganz wegbleiben könnten; das aber kann ich mir nimmer vorstellen, wie dies auch in Bezug auf das Ministerium des Auswärtigen geschehen könnte, welches unsere diplomatischen und Handelsinteressen dem Auslande gegenüber vertreten soll, welches dazu berufen ist, die erwähnten Interessen und die internationalen Verträge in Uebereinstimmung mit dem Ministerium der beiden Theile und mit deren Bevölkerung zu behandeln.

Wir haben ferner eine gemeinsame Delegation, das heisst, eine aus der Mitte beider Vertretungen entsendete Kommission, welche in den gemeinsamen Angelegenheiten beider Staaten Beschlüsse fasst, den Modus und die Prinzipien der Entscheidung dieser Angelegenheiten festsetzt, die von beiden Theilen verhältnissmässig zu tragenden Kosten bei dem gemeinsamen Zwecke bestimmt, und die gemeinsamen Minister über ihre Vorgangsweise zur Verantwortung zieht. Nachdem ich mindestens das gemeinsame Ministerium des Auswärtigen überhaupt für unentbehrlich halte, kann ich mir auch nicht vorstellen, wie und durch welche andere Institution man die Delegationen wesentlich derart ersetzen könnte, dass weder die diplomatische und die Handelsvertretung der beiden Theile der Monarchie im Auslande ohne verantwortlichen Leiter bleiben und blos von der Herrscherwillkür abhängen, noch auch einer der beiden Theile eine Ungerechtigkeit erleiden würde.

Dass diese Institutionen nicht gleich anfangs zu ihrer höchsten Vollkommenheit gediehen sind, dass sie in Bezug auf manche ihrer Formen, Normen u. s. w., noch etwas zu wünschen übrig lassen, — wer wird dies leugnen können? Daraus kann man aber nicht richtig folgern, dass man diese Institution demgemäss schleunigst aufheben oder durch eine andere ersetzen müsse, sondern, dass wir sie zweckmässiger entwickeln und erst dann an ihre Abänderung denken mögen, wenn wir uns nach ihrem mehrjährigen Wirken überzeugt haben werden, dass sie ihrem Zwecke nicht entspricht und mit einer bessern vertauscht werden kann.

Nur ein solches Verfahren ist einer Nation in einer so ernsten Sache würdig, von welcher die Lösung unserer Lebensfrage abhängt. So haben alle besonnenen, praktischen, nicht Traumbildern nachjagenden Nationen; so haben beispielsweise auch die Belgier 1830 bei Gelegenheit ihrer Lostrennung von Holland und ihrer neuen Organisation gehandelt; die Belgier, wiewohl ihre Umstände lange nicht so schwierig waren, als die unsrigen, erhoben nämlich die Bestimmung zum Gesetze: dass den neuen Institutionen eine fünfjährige Probezeit gewährt wird, während welcher es verboten ist, das Grundgesetz zum Gegenstande von Erörterungen oder Agitationen in der Presse und im Landtage zu machen. Befolgen wir das Beispiel dieser ebenso aufgeklärten, wie praktischen, glücklichen Nation!

* * *

Und nun wollen wir einige allgemeine Sätze im Fünfkirchner Briefe Ludwig Kossuths unter das Secirmesser der Kritik nehmen, denn dies ist bei seinen Aufsätzen und

Reden ungemein nothwendig. Er hat eine grosse rhetorische Begabung, mächtige, dichterische Phantasie, und diesen Eigenschaften entsprechend einen schönen Styl. Besonders seine Phantasie ist so stark, so überwiegend, dass sie oft sein eigenes Urtheil irreführt; und da mengt er dann Wahres mit Unwahrem, Wahrscheinliches mit Unwahrscheinlichem zusammen, und trägt dies Alles mit so ergreifender Schönheit vor, dass es kein Wunder ist, wenn viele seiner Leser, die entweder zu träge oder unfähig sind, tiefer zu denken, ihm folgen und in den Sumpf gerathen. Auch mit dem Fünfkirchner Briefe könnte es dem Publikum so ergehen. Denn es ist wahrhaft erschreckend, wenn man sieht, wie viele Truglehren, wie viele Irrthümer in diesem Briefe unter das Wahre und Richtige gemischt sind, welche Begriffsverwirrung sich da breit macht, in tönende Worte gehüllt und in der bezauberndsten Form dargestellt! Es ist daher nöthig, seine Aufsätze immer einer strengen Kritik zu unterziehen, um das grosse Publikum gegen die Zauberkraft seiner schön vorgetragenen Behauptungen vor Irrthümern zu bewahren. Nehmen wir also die Sätze des Fünfkirchner Briefes vor.

Er sagt vor Allem, die Bedingungen der Zufriedenheit der Nation seien die staatliche Existenz und die selbstständige Uebung der hieraus fliessenden Rechte; von diesen Bedingungen könne die Nation nicht abstehen, ohne ihre Existenz aufzugeben.

Dies ist vollkommen wahr. Doch schon in den nächsten Zeilen fügt er eine Unrichtigkeit an die vorausgeschickte Wahrheit: er behauptet nämlich, es sei „eine unbestreitbare Thatsache, dass Ungarn in Bezug auf jene hochwichtigen Staatsangelegenheiten, die eben den Charakter des Staats ausmachen, mit dem österreichischen Staate — als Theil mit einem Ganzen — verschmolzen sei."

Wenn Ludwig Kossuth statt des Wortes „**österreichischer Staat**" die Bezeichnung Habsburg-lothringen'sche „**Monarchie**" angewandt hätte, so würde er die Wahrheit gesagt haben; doch auch dann nur in dem Sinne, dass die beiden Staaten einen Herrscher besitzen, und zwar keineswegs erst seit 1867, sondern seit 1527, dem Jahre nämlich, wo das Haus Habsburg auf den ungarischen Thron erhoben wurde. Seither bilden wir, da unsere Könige zugleich die Herrscher Oesterreichs sind, mit diesem natürlich und im strengsten Sinne des griechischen Wortes eine **Monarchie**, jedoch **zwei** auf verschiedenen Grundlagen ruhende, von einander gesonderte **Staaten**. Wenn jedoch Ludwig Kossuth unter dem österreichischen Staate nicht die **Monarchie**, sondern das **Kaiserthum** Oesterreich versteht, und von diesem behauptet, wir seien in demselben aufgegangen, dann rührt seine Behauptung entweder, wenn sie aufrichtig gemeint, von irrigen Begriffen her, oder sie ist aus Parteiinteresse aufgestellt und zur Aufreizung und Täuschung berechnet.

Denn wenn Ungarn, wie Kossuth behauptet, in dem österreichischen Staate als ein Theil im Ganzen, aufgegangen wäre; wie **konnten**, und zu welchem Zwecke **sollten** die beiden Theile der **Monarchie** zwei gesonderte vollständige Ministerien, zwei gesonderte Parlamente, zwei gesonderte Verfassungen, je eine gesonderte Verwaltung, eigene Gesetze, mit einem Worte **Alles** gesondert besitzen, was sich nicht auf die Angelegenheiten von **gemeinsamem Interesse** bezieht, welche wieder von gemeinsamen, den beiden gesonderten Staaten gleichmässig verantwortlichen Ministern geleitet werden?

Doch ich höre den Einwand: eben darum verschmolz Ungarn ja mit dem österreichischen Staate, weil es mit diesem gemeinsame Angelegenheiten, einen gemeinsamen Kriegs-, Finanzminister und Minister des Auswärtigen hat, weil diese Minister die gemeinsamen Angelegenheiten in beiden Theile der Monarchie nach denselben Prinzipien verwalten!

Ja wohl, wir haben gemeinsame Minister; aber kann man daraus ohne Begriffsverwirrung und Irrthum folgern, dass wir deshalb mit Oesterreich verschmolzen seien? Gewiss nicht! denn ich frage: Existiren nicht für uns und Oesterreich gemeinsame Angelegenheiten, welche das Ministerium keines Theiles der Monarchie ohne Verletzung der Selbstständigkeit und Rechte des andern entscheiden kann? Nachdem wir mit Oesterreich demselben Herrscher huldigen, müssen wir bei den auswärtigen Mächten nicht durch dieselben gemeinsam vertreten sein, die weder vom ungarischen, noch vom österreichischen, sondern nur vom gemeinsamen Minister des Auswärtigen Instruktionen erhalten können? — natürlicherweise nur solche Instruktionen, die mit den Interessen beider Theile der Monarchie vereinbar sind. Deshalb ist der Minister des Auswärtigen verpflichtet, zuvörderst die Prinzipien der auswärtigen Vertretung sowol mit dem österreichischen, als auch mit dem ungarischen Ministerium festzustellen, und die Ansichten in einem Kompromiss zu vereinbaren, damit er die auswärtigen Angelegenheiten der ganzen Monarchie nach einem einheitlichen Prinzipe leiten könne, wofür er dann den Delegationen beider Staaten verantwortlich ist. Und kann man sich dieses Verhältniss vernünftigerweise anders auch nur vorstellen?

Denn gesetzt den Fall, es habe sowohl Ungarn, als auch Oesterreich je einen besonderen Minister des Aeussern. Die beiden Minister ernennen dasselbe, oder zwei verschiedene Individuen zu Gesandten in Frankreich zum Beispiel. Der Gesandte — es mögen nun zwei oder einer sein — übernimmt die Instruktionen für sein Vorgehen von beiden Ministern. Werden nun die beiden In-

struktionen immer übereinstimmend sein? Und wenn nicht,
was wird geschehen? Der österreichische Gesandte wird
eines schönen Tages zu Napoleon gehen und ihm oder seinem Minister des Aeussern vortragen; „Sire! oder Monsieur! mein Souverain, der Kaiser von Oesterreich [1])
wünscht in dieser und jener Angelegenheit den Krieg."
Aber der Krieg in dieser Angelegenheit wäre vielleicht gegen das Interesse Ungarns; deshalb wird sich auch der
ungarische Gesandte zu denselben Personen verfügen, und
im Sinne seiner Instruktion sagen: „Sire, mein Souverain,
der König von Ungarn, wünscht in dieser Angelegenheit
den Frieden." Ist eine solche Annahme nicht lächerlich?

Es könnte jedoch vielleicht wieder Jemand sagen: Wir
brauchen keinen Minister des Aeussern; nachdem die Instruktion für die Gesandten bei auswärtigen Mächten, auch
bei der Existenz eines gemeinsamen Ministers des Aeussern blos aus einem Kompromiss, das heisst aus der Einigung der beiden gesonderten Ministerien hervorgehen
kann, so mögen diese sich ohne Dazwischenkunft eines gemeinsamen Ministers des Aeussern einigen, und die vereinbarte Instruktion selber dem Gesandten übergeben.
Dies wäre zwar vielleicht möglich; doch wer wird dann
die Gesandten kontrolliren können, wem und wie werden
diese verantwortlich sein? Diese Kontrole übt jetzt der
gemeinsame Minister des Aeussern, der dann seinerseits
der gemeinsamen Delegation verantwortlich ist; vor dieser könnten jedoch die Gesandten nicht immer ohne Gefährdung grosser Interessen von ihrem entfernten Sitze
her erscheinen.

Die Existenz des gemeinsamen Ministers des Aeus-

---

[1]) Man muss wissen, dass die Gesandten immer im Namen des
Souverains sprechen, denn den auswärtigen Mächten gegenüber,
kann der Staat nur durch den Herrscher als das Haupt des Staates,
repräsentirt werden.

sern wird also durch die gemeinsame Vertretung nach Aussen nothwendig, durch die gemeinsamen Interessen unerlässlich gemacht. Und schlägt diese Institution, deren Existenz von unserem eigenen Interesse erheischt wird, wirklich eine Bresche in unsere Unabhängigkeit? Werden etwa Ungarn und Oesterreich durch ihren gemeinsamen Minister des Aeussern nicht mit gleichem Rechte, gleichem Einflusse, als zwei unabhängige, gleichberechtigte Staaten repräsentirt? Wenn Oesterreich durch diese gemeinsame Vertretung nichts von seinen Unabhängigkeitsrechten verloren hat, kann auch Ungarn, das mit jenem gleichberechtigt ist und den gleichen Einfluss übt, nichts von seinen Rechten eingebüsst haben. Eine Bresche, jawohl eine grosse und schädliche Bresche ist seit vierthalb Jahrhunderten in unsere unabhängige staatliche Existenz dadurch geschlagen worden, dass sämmtliche auswärtige Angelegenheiten der ganzen Monarchie, folglich auch die unsrigen, einzig vom österreichischen Minister des Aeussern erledigt wurden, ohne dass man jemals die ungarischen Räthe um ihre Meinung in Bezug auf die Gesandten-Instruktion befragt hätte. Und in der That, die ganze Welt nannte die Gesandten unseres gemeinsamen Herrschers blos **österreichische** Gesandte, und in Folge dieser Mangelhaftigkeit unserer Vertretung verschwand der Name **Ungarns**, als Staat, aus der ganzen Diplomatie, er verschwand aus den Spalten der Journale, er verschwand aus der Conversation der Gesellschaft im Auslande.[1] Immer und in jeder Angelegenheit, mochte diese auch Ungarn insbesondere betreffen, wurde blos **Oesterreich** erwähnt, und darunter auch Ungarn verstanden

---

[1] Erst uns, den Emigranten, gelang es seit 1849 unter schweren Mühen zu erwirken, dass die ausländischen Journale neben Oesterreich in einer besonderen Rubrik von Ungarn sprechen, und so haben wir den verloren gegangenen Begriff von der staatlichen Existenz unseres Vaterlandes im Auslande neu belebt.

die ganze Welt betrachtete unser Vaterland als in Oesterreich aufgegangen, und in der That, in Bezug auf seine auswärtigen Angelegenheiten war Ungarn es damals auch wirklich, denn ausschliesslich der **österreichische** Gesandte leitete dieselben im Namen des **österreichischen Kaisers**.

Dies Alles is jetzt anders, muss jetzt anders sein. Es gibt mehr keinen **österreichischen**, sondern wir haben einen **gemeinsamen** Minister der Auswärtigen, der unsere Interessen unter dem Einflusse des ungarischen Ministeriums in gleicher Weise, wie die der Österreicher vor Augen hat, und dafür der ungarischen und österreichischen Delegation verantwortlich ist; der auswärtige Gesandte wird von nun ab nicht mehr der Gesandte des österreichischen Kaisers, sondern der der verbündeten ungarisch-österreichischen Monarchie genannt werden; in den internationalen Verträgen und andern diplomatischen Aktenstücken wird nicht mehr allein die Bezeichnung „**Oesterreich**" sondern „**Oesterreich und Ungarn**" oder „**Die Staaten des Kaisers von Oesterreich und Königs von Ungarn**" angewandt werden.

Haben wir also unsere Unabhängigkeit aufgeopfert, sind wir mit Oesterreich verschmolzen, wie Kossuth uns erdichtet und er die Unverständigen glauben machen will, wenn wir unsere seit viertehalb Jahrhunderten bestehenden gemeinsamen Angelegenheiten durch einen gemeinsamen Minister des Aeussern verwalten lassen?

Und ganz ebenso steht es um unsere merkantile Vertretung dem Auslande gegenüber, wie um die internationalen Verträge; diese wie jene gehören nach dem Wortlaute des § 8 im Gesetzartikel XII 1867, „in Uebereinstimmung mit den Ministerien beider Theile und unter deren Zustimmung in den Wirkungskreis des gemeinsamen Ministers des Aeussern, und die internationalen Verträge theilt jedes Minsterium seiner eigenen Legislative mit."

Ungarn kann seine Handels-Angelegenheiten noch weniger als seine auswärtigen ganz getrennt von denen Oesterreichs verwalten. Die türkischen Grenzen ausgenommen, sind wir allenthalben von österreichischen Provinzen umgeben, und nur durch diese hindurch können wir mit der gebildeten Welt in Berührung treten und unsere Produkte exportiren. Wir müssen daher mit den Österreichern eine gemeinsame Handelspolitik befolgen, und da, weil Oesterreich mehr ein industrielles, Ungarn mehr ein Ackerbau treibendes Land ist, unsere Interessen jetzt, bevor der Freihandel vollkommen ins Leben getreten ist, in einem oder anderem Punkte auseinander gehen, so müssen wir uns um so mehr gegenseitig einigen und miteinander verständigen, um unser gemeinsames Zollsystem in gegenseitiger Uebereinstimmung zu begründen. Wenn wir dies jedoch nicht thun wollten, wenn wir mit Berufung auf unsere unabhängige staatliche Existenz das Zollsystem allein, ohne Betheiligung der Oesterreicher feststellen würden, dann müssten wieder nur wir den Schaden davontragen, wie wir ihn durch Jahrhunderte hindurch tragen mussten, als wir keinen Einfluss auf die Zollbestimmungen zwischen der Monarchie und Auslande üben konnten:

Ludwig Kossuth sagt:

„Wir haben einen Zoll- und Handelsverband; wir haben einen Zolltarif, der sich aus der unserem Vaterlande so stiefmütterlichen Handelspolitik vergangener Jahrhunderte entwickelte, zur Gesetzeskraft erhoben, und zwar wie alle andern österreichischen Handelsverträge, wie die österreichischen Manipulations-, Betriebs- und andern Vorschriften, ohne zuvor Einsicht in dieselben genommen zu haben, ganz ungesehen. — Wir haben den Zolltarif zur Gesetzeskraft erhoben, und er kann nun ohne Einwilligung des österreichischen Ministeriums nicht geändert werden."

Ich gestehe, als ich dies las, konnte ich mich von meinem Erstaunen lange nicht erholen. Hat dies Unkenntniss, oder direkte, agitatorische Absicht diktirt? Ich kann es nicht sagen, aber ich weiss soviel, dass es theils Unwahrheit, theils Unsinn ist. Woher weiss Ludwig Kossuth, dass man all diese merkantilen Vorschriften so ganz ohne Weiteres, ohne Untersuchung, ohne Einsicht davon genommen zu haben, ganz ungesehen, zur Gesetzeskraft erhoben hat? Die Betreffenden werden dieselben vielleicht doch wohl ein wenig geprüft haben? Und wenn der Reichstag die mit den auswärtigen Mächten abgeschlossenen Zolltarife und Handelsverträge im Jahre 1867 ohne jede Modifikation zur Gesetzeskraft erhebt, ist es möglich, ist es billig, ihn deshalb anzuklagen, zu verdächtigen, selbst in dem Falle, als diese Verträge den ungarischen Interessen nicht in Allem entsprechen sollten? Von wem, wann und mit wem wurden diese Tarife und Verträge vereinbart? Hat sie nicht das kaiserlich österreichische Ministerium noch vor 1867 abgeschlossen, als sich dessen Macht, wenn auch freilich ungerechterweise, aber faktisch noch über Ungarn erstreckte? Hat sie das Ministerium nicht auf eine gewisse, festgesetzte **Anzahl von Jahren** mit den auswärtigen Mächten abgeschlossen? Nach Ludwig Kossuth hätte man also all diese Tarife und Verträge annulliren und neue abschliessen sollen, als wir den Ausgleich eingingen! Und wie nun, wenn die auswärtigen Mächte in die Annullirung nicht hätten einwilligen wollen, wie sie es denn auch gewiss nicht gethan haben würden. Nach L. K. hätte man sie natürlich mit den Waffen dazu zwingen müssen!? Hat aber, ich sage nicht das neue ungarische Ministerium und der Reichstag, sondern der österreichische Kaiser und ungarische König sammt seiner ganzen Monarchie die Macht dazu gehabt? Hier hatten nicht blos wir, die gemeinsame

Monarchie, sondern auch die auswärtigen Mächte ein Wörtchen dreinzusprechen. Und wenn wir wegen dieser Verträge nicht der ganzen Welt auf einmal den Krieg ankündigen wollten, dann mussten wir dieselben so lange beibehalten, bis ihre Zeit abgelaufen ist; dann aber können und werden die Betreffenden auch ohne Zweifel Veränderungen an den Verträgen vornehmen, denn neue Verträge können die beiden Ministerien nur mit gegenseitiger Uebereinstimmung und unter Mitwirkung der beiden Vertretungen abschliessen, wie denn der neue Vertrag mit Preussen auch wirklich auf diese Weise abgeschlossen wurde.

Und in Bezug auf die Manipulations-, Betriebs-, und andere Vorschriften kann man ebensowenig, als in Bezug auf die Tarife und Verträge das, was Ludwig Kossuth als solche denuncirt, für eine Verletzung halten; ja durch dieselben gewann Ungarn vielmehr einen Einfluss, wie es ihn nicht grösser wünschen kann, weil es ihn nicht grösser nöthig hat. All diese Betriebs- und Manipulationsvorschriften hat Oesterreich seit viertehalb Jahrhunderten auf seinem Territorium ganz nach seiner Willkür und seinem Interesse so eingerichtet, dass es durch dieselben in der Vergangenheit wirklich unsere Industrie und unseren Handel zu Grunde richtete; allein nicht blos sind diese Vorschriften in dem abgeschlossenen Handelsvertrage faktisch den Anforderungen unserer Interessen entsprechend ausgebessert worden, sondern der österreichische Handelsminister wird sie auch in Zukunft nicht ändern, auch keine neuen Vorschriften einführen können, ohne die Einwilligung des ungarischen Ministeriums zu erlangen. Ist hier der Vortheil nicht direkt auf unserer Seite? Und Kossuth sagt dennoch, man habe „die österreichischen Manipulations-, Verkehrs und anderen Vorschriften, ohne Prüfung, ohne zuvor Einsicht in dieselbe genommen zu haben, ganz ungesehen, zur Gesetzeskraft erhoben, und sie können nun ohne Einwilligung des österreichischen Ministers nicht geändert werden." Aber das ist nun einmal so, wenn der Mensch in seiner eigensinnigen Leidenschaftlichkeit alles verdächtigen, alles tadeln will. Also das gefällt Kossuth nicht, dass wir auf die Feststellung und nach Bedarf auf die Veränderung der, an den italienischen, deutschen, preussischen und russischen Grenzen bestehenden Manipulations-, Verkehrs-, und übrigen Vorschriften von nun ab ebenso grossen Einfluss üben werden, wie ihn die Österreicher auf ihrem eigenen Grund und Boden üben? Oder will er vielleicht, dass auch an den Grenzen der österreichischen Provinzen ausschliesslich die ungarische Regierung Alles anordne? Wir sehen: In L. K.'s Augen verwandeln sich selbst die glänzendsten Errungenschaften in Gravamina, — blos, weil er sie nicht errungen! Sind diese Thatsachen — man urtheile! — nicht einzig zur Aufhetzung derjenigen angeführt, oder richtiger, entstellt, welche diese Sachen nicht verstehen, und zu denken entweder nicht im Stande oder zu träge sind? Doch gehen wir weiter.

* *

Es scheint dass das liebste Thema Ludwig Kossuths im Fünfkirchner Briefe die Betrachtung über die nationale Unabhängigkeit und Selbstständigkeit ist, damit er dann, indem er aus unseren Zuständen ein oder zwei spezielle Details heraushebt und sie der von ihm aufgestellten Unabhängigkeitstheorie anpasst, ausrufen könne, Ungarn sei mit dem österreichischen Staate, wie ein Theil mit dem Ganzen verschmolzen. Auf diese allgemeinen Betrachtungen kommt er immer wieder zurück, bei diesen spannt er die Kraft seiner Phantasie am meisten an, auf diese streut er die duftigen Blüthen seiner Rhetorik, an diesen zeigt er die schönsten Meisterstücke seiner stylistischen Virtuosität. Wir wollen daher auch von diesen sprechen.

Ich glaube in dem bisher Gesagten schon genügend erläutert zu haben, worin die wahre staatliche Unabhängigkeit besteht. Ich habe dargethan, dass man ohne Begriffsverwirrung oder gar absichtliche Verdrehung die souveräne Unabhängigkeit einem Staate nicht absprechen könne der, wenn er auch mit andern Länder demselben Herrscher huldigt, doch trotzdem seine eigene Verfassung, seine eigene Legislative, sein eigenes vollständiges Ministerium, seine eigene Verwaltung, eigene Gesetze besitzt, und in Folge der Identität des Fürsten gemeinsam mit dessen übrigen Ländern blos jene auswärtigen, Heeres- und Handels-Angelegenheiten und auch diese nur mit vollkommen gleichberechtigtem Einflusse seinerseits verwaltet, welche beide Theile in gleichem Masse interessiren. Ich habe besonders bewiesen, dass unsere Vorfahren nicht damals unsere staatliche Unabhängigkeit wahrten, als sie die vorhandenen gemeinsamen Angelegenheiten nicht offen anerkennen wollten, diese unbestimmt, deren Behandlungsmodus ungeregelt liessen, und die nationale Unabhängigkeit blos in allgemeinen Gesetzen proklamirten, welche jedoch nicht verhinderten, dass die kaiserlichen Minister vierthalb Jahrhunderte hindurch unsere gemeinsamen und, leider, zugleich wichtigsten Angelegenheiten ausschliesslich entschieden; nicht damals, sage ich, haben unsere Vorfahren die **staatliche Unabhängigkeit** gewahrt, sondern diese wird durch die 1867-ger Gesetze gesichert, welche anordnen, dass die gemeinsamen Angelegenheiten auf Grundlage der Parität, der Rechtsgleichheit, durch den gleichen Einfluss der beiden Theile entschieden und von einem gemeinsamen Ministerium geleitet werden.

Hören wir doch einmal, wie schön und poetisch, aber zugleich mit welcher Begriffsverwirrung, mit welcher Nichtbeachtung oder Verachtung der Ursachen historischer Thatsachen Ludwig Kossuth über diese Unabhängigkeit schreibt:

„Die avitische traditionelle ungarische Politik, welche vor der Verschmelzung, wie vor der Verdammniss immer zurückschauderte und gegen sie von Generation zu Generation immer ankämpfte, diese Politik ist aufgegeben, und die ungarische Nation hat freiwillig und ohne Noth, in dem möglichst inopportunen Augenblicke das hingegeben, selber es hingegeben, was keine Intrigue, keine Gewalt ihr jemals zu entringen vermochte... Das Land ist nicht länger ein Staat, der Staat ist das österreichische Kaiserthum, das Land ist mit diesem Staate verschmolzen. Ein solches Land kann einen kleineren oder grösseren Einfluss auf die Politik dieses Staates üben... aber es wird immer nur eine Provinz sein, kein Staat, keine Nation, wie etwa Schottland, das ein einflussreicher Theil des brittischen Staates und frei und blühend ist; aber es ist kein Staat, keine Nation, — es ist eine Provinz."

Nebenbei bemerkt, ich hätte eigentlich Lust hier die Frage aufzuwerfen: Was ist eigentlich der Begriff des Staates? Was ist der Zweck des Staates? Kann sich etwa irgend ein Volk mit dem leeren Begriffe des Staates begnügen, wenn dieser theoretische Staat seiner Schwäche, oder irgend anderer Umstände und Verhältnisse wegen das höchste Ziel der Menschheit, den intellektuellen moralischen und materiellen Fortschritt, die Bildung, in der Praxis nicht verwirklichen kann? Und wenn dieses Volk all' dies besser verwirklichen kann, indem es mit einem andern Staate in einen gleichberechtigten Verband tritt, handelt es dann etwa nicht besser, wenn es sich irgend einem andern Staate, als dessen gleichberechtigter Gefährte anfügt? Dem entspricht das Beispiel Schottlands, welches frei und blühend is, — und fragen wir es einmal, ob es ein ganz unabhängiger Staat sein und sich von England lostrennen möchte? Dem entspricht Canada, welches wiewohl man es nicht einmal eine Provinz, sondern blos eine Kolonie nennt, dennoch frei und blühend ist. Dieses Canada wollte England vor einigen Jahren um jeden Preis von sich loslösen und als unabhängigen Staat seiner eigenen Schwingen anvertrauen — und siehe da, Canada wollte sich von seinem Mutterlande nicht lossagen. Es wollte kein unabhängiger Staat sein, es wollte lieber die Provinz, ja die Kolonie Englands bleiben.

Ich hätte grosse Lust, sage ich, diese Fragen eines weitern zu erörtern, doch ich fürchte, man würde mir noch aufbringen, dass ich die staatliche Selbstständigkeit Ungarns freiwillig aufgeben, dass ich unser Vaterland zu einer Provinz erniedrigen wolle, das Vaterland, welches bei seinen jetzigen Grundgesetzen in unabhängiger Staatsexistenz ebenfalls frei, blühend, glücklich und gebildet werden kann, wenn Regierung und Reichstag streben werden, auf der glücklich gegründeten Basis all' das energisch zu vervollkommnen und zu Stande zu bringen, was eben zu vervollkommnen und zu Stande zu bringen möglich ist. Ich verweile daher nicht länger bei dieser Frage, sondern kehre zu Ludwig Kossuth's Brief zurück, der so fortfährt:

„Darin, nämlich in der Staatlichkeit besteht der entscheidende Gesichtspunkt ... Denn es gibt in Folge einer physiologischen Nothwendigkeit im Leben der Nation leitende Ideen, es gibt im Genius der Nation wurzelnde, unausrottbare Aspirationen; diese sind über jedem andern Interesse erhaben, sie geben der Geschichte ihre Richtung, ihnen unterordnen die Nationen Alles, sie selbst jedoch nichts Anderem.

„Einen lehrreichen Beweis hiefür sehen wir neuestens in der Geschichte der italienischen Nation. Die leitende Idee war hier die nationale Einheit. Von Venedig ist es bekannt, dass Oesterreich der Stadt hätte Himmel und Erde, Glanz, Freiheit, Blüthe, Alles, was Menschen für werthvoll halten, bieten dürfen, Venedig hätte sich dennoch unter der österreichischen Herrschaft niemals und um keinen Preis beruhigt. — —"

Beiläufig und ganz kurz bemerke ich hier zu dem von

den Italienern angeführten Beispiele. Wem führt dies L. K. als Lehre an? Auf uns passt es nicht. Wir haben ausser den paar tausend Csángós in der Moldau keine Stammesangehörige ausserhalb der Grenzen unseres Landes, die um jeden Preis von der Fremdenherrschaft zu befreien und sie mit uns oder uns mit ihnen zu vereinigen, die Aufgabe unserer Bestrebungen wäre. Den andern, innerhalb der Grenzen unseres Landes lebenden Nationalitäten aber, bitten wir L. K., möge er solche lehrreiche Beispiele nicht zu oft anführen. Wenn sie hören, dass L. K. dieselben billigt, so könnten diese Volksstämme Lust bekommen, solche Beispiele ebenfalls zu befolgen, und ich bin überzeugt, wenn sie es wirklich thäten, so würde L. K. das Herz darüber eben so weh thun, wie uns.

„Das leitende Prinzip, an welches unsere Nation sich fünfzehn Generationen hindurch mit einer Energie klammerte, die durch kein Unglück gebrochen werden konnte, für welches sie Ströme Blutes vergossen, das leitende Prinzip war dieses: dass Ungarn mit den österreichischen Erbprovinzen um keinen Preis zu einem Staatskörper verschmelzen darf, noch wird."

L. K. sagt ganz richtig, dass es das leitende Prinzip der avitischen traditionellen ungarischen Politik war, unser Vaterland müsse vor dem Verschmelzen mit Oesterreich bewahrt bleiben. Und ewigen Dank unseren Ahnen für die unerschütterliche Energie, mit welcher sie an dieser Politik festhielten; — denn sonst, wenn wir bei unserer in den dreihundertjährigen Türkenkriegen dezimirten, geringen Anzahl nicht gänzlich zu Grunde gegangen wären, so hätten wir doch mindestens das Schicksal des ehemals auch mächtigen Böhmens getheilt. Unseren Ahnen daher Ruhm und Preis hiefür.

Doch wäre es Unsinn hieraus zu folgern, dass unsere Ahnen auch damals eine richtige Politik befolgten, als sie nach oft siegreichen Kämpfen um ihre Unabhängigkeit, oder unter anderen günstigen Umständen die Selbstständigkeit mit je einem neuen Gesetze umschanzten und dabei nicht auch die gemeinsamen Angelegenheiten und deren Verwaltung detaillirter bestimmten.

Und ein noch grösserer Unsinn wäre es, daraus, dass unsere Vorfahren dies fünfzehn Generationen hindurch zu thun versäumten, den Schluss zu ziehen, dass darin auch wir in Allem der Politik unser Ahnen treu bleiben, dass auch wir nirgends das Stockende in Bewegung setzen sollen, dass auch wir unsere sämmtlichen auswärtigen, Heeres-, Finanz- und Handelsangelegenheiten auch ferner von den österreichischen Ministern verwalten lassen müssen, wie sie dieselben durch vierthalb Jahrhunderte verwaltet haben.

Indessen irrt L. K. stark, wenn er glaubt, dass all' jener Widerstand, den unsere Vorfahren in den verflossenen Jahrhunderten entwickelten, all' jene aufständischen Kämpfe, die sie ausfochten, der nationalen Unabhängigkeit, den politischen Rechten des Landes gegolten haben. Es ist wahr, zu Zeiten fehlte es nicht an edlen hochsinnigen Patrioten, deren Hauptbestreben die Wahrung der Unabhängigkeit des Landes war. Solche waren besonders Gr. Nikolaus Zrinyi, Franz Wesselényi, ein solcher war Franz Rákóczy II. Aber ihrer waren so wenige, dass, wenn unsere Ahnen nicht auch durch andere Ursachen zu Aufständen gereizt worden wären, ihrethalben die unabhängige staatliche Existenz des Landes gewiss ganz hätte zu Grunde gehen können, wie man denn auch nicht sagen kann, dass dieselbe durch die Aufstände gewahrt worden sei.

Was waren also die Hauptursachen jener Aufstände in früheren Jahrhunderten? Worauf bezogen sich meist jene Aspirationen, die L. K. so poetisch besingt? Gewiss, einige edlere, hochsinnigere Patrioten ausgenommen, auf nichts anderes, als auf die Erhaltung der Adelsprivilegien und der Religionsfreiheit. Haben Bocskay, Gabriel Bethlen, Georg Rákóczy II., Tököly und die Kuruczen nicht hauptsächlich darum zu den Waffen gegriffen? Führten nicht die Verletzungen der religiösen Freiheit das Volk, dass L. K. selbst eine „träge Masse" nennt, welche keine Richtung gibt, sondern nimmt, schaarenweise zu ihren Fahnen? Standen nicht immer die in ihrer Gewissensfreiheit verletzten protestantischen Herren und Geistlichen an der Spitze der nationalen Bewegung? Bot ja Gabriel Bethlen dem Wiener Hofe ein Bündniss gegen die Türken an, wenn derselbe die religiösen Verfolgungen einstellen und dem Religionskriege ein Ende machen wollte. Die politischen Gründe waren in diesen Aufständen, wenn sie auch nicht gänzlich fehlten, doch jedenfalls schwächer als die religiösen. Ja selbst damals noch, als nicht mehr religiöse, sondern andere Motive als Hebel wirkten, erhoben die Insurgenten die Fahne, auf welcher der heilige Name der Freiheit wehte, nicht so sehr für die nationale Unabhängigkeit, als vielmehr für die adeligen Praerogative, denn in ihrem Egoismus, in ihrer Begriffsverwirrung, verwechselten sie mit diesen die Verfassung, die Selbstständigkeit der Nation. Was die religiösen und adeligen Rechte nicht verletzte, zum Beispiel eine noch so schwere Unterdrückung der nationalen Interessen konnte sie, wenn sie derselben auch manchmal einen Platz unter den Beschwerden gönnten, doch niemals zu einem Aufstande begeistern. Die Heeresangelegenheit lieferten sie 1715 aus purem Adelsegoismus selber in die Hände der kaiserlichen Minister. 1741 führten sie sogar ein Gesetz ein, dass das Grundstück eines Adeligen, und wenn es sich auch in den Händen eines Hörigen befindet, der Steuer nicht unterworfen werden kann, und dass hievon auf den Landtagen nicht einmal soll gesprochen werden dürfen. Wie oft war also der Patriotismus dieser Privilegirten weit cher Anbetung ihrer Privilegien, als Sorge um die Unabhängigkeit, die Rechte des Vaterlandes!

Jetzt, Gott sei Dank, haben die Privilegien endlich der Rechtsgleichheit Platz gemacht; auch die Konfessionen sind frei, gleichberechtigt. Es ist Zeit, dass wir die irrige Politik unserer Ahnen mit einer bessern vertauschen, nach welcher die nationale Unabhängigkeit kein leeres Wort, sondern Wirklichkeit sei.

Irrig wäre es ferner zu glauben, dass unsere Vorfahren den Fehler der oben gerügten Versäumniss **blos** darum begangen haben, weil sie die Regelung der gemeinsamen Angelegenheiten für unverträglich mit der staatlichen Unabhängigkeit Ungarns gehalten hatten. Dass auch diese Begriffsverwirrung und die daraus entspringende falsche Scham ihren Theil an der Versäumniss hatten, ist unzweifelhaft. Ich habe dies in meinem Szegediner Briefe selber gesagt. Aber diese Versäumniss hat noch eine andere Ursache, welcher der aufmerksame Forscher unserer Geschichte, vornehmlich seit dem Beginne des 18. Jahrhunderts, auf Schritt und Tritt begegnet, und die Ursache ist die, dass unsere Voreltern, weil die Wiener Regierung unsere Verschmelzung mit den Erbprovinzen zu einem Staatskörper nicht blos mit Gewalt, sondern auch mit geheimen Intriguen und Ränken auf jede Weise anstrebte, sich **scheuten**, über solche Dinge ein detaillirtes Gesetz zu verfassen, welche mit den Adelsprivilegien und der Unabhängigkeit des Landes (und wie gross war in beiden ihre Begriffsverwirrung) auch nur in dem entferntesten Zusammenhang standen; denn sie fürchteten, sie könnten hintergangen werden, und solche Bestimmungen oder auch nur Worte ins Gesetz aufnehmen, welche von dem absolutistischen Streben der, wie wir auch in neuer Zeit reichlich erfahren haben, in dergleichen Dingen sehr bewanderten Wiener Regierung später gegen sie gewendet werden könnten.

Vielleicht wird mich Ludwig Kossuth wieder beschuldigen, dass ich einen beispiellosen Egoismus begehe, und dem heiligen Andenken vergangener Zeiten jede Pietät verweigere, aber ich kann nicht anders, ich kann die Thatsachen, und wenn sie auch schmerzlich wären, weder verdrehen, noch auch verschweigen; — und dann erfordert mein Amt als Geschichtschreiber, die Wahrheit — enn ihre Erwähnung auch unerquicklich ist — der Staatsgewalt eben sowohl als auch der Nation getreu zu erzählen, denn nur auf diese Weise kann die Geschichte „die Lehrerin des Lebens" werden.

Ich wollte also sagen, dass unsere Nation, die im 15. Jahrhunderte in der Wissenschaft und Bildung, wenn auch nicht in erster Linie, doch beiläufig auf dem Niveau der damaligen europäischen Bildung und Wissenschaft stand, seither in Folge hundertjähriger Kriege, innerer Zwistigkeiten und anderer Hindernisse, nicht vorwärts kam, mit den übrigen Nationen nicht Schritt halten konnte, und folglich zurückblieb. Das Gefühl dieses Mangels an Bildung machte die Nation auch noch im 18. Jahrhunderte jeder Neuerung, jeder Reform gegenüber furchtsam. Die deutlichsten Spuren dieser Thatsache finden wir in den Diarien der unter Karl III. und Maria Theresia abgehaltenen Landtage; aus ihnen geht hervor, dass die Stände gewisse äusserst nothwendige Reformen, die das Wohl des Landes dringend erheischte, blos darum aufschoben oder ganz beseitigten, weil sie fürchteten aus den für heilsam erachteten Meinungen könnten sich Folgen ergeben, welche vielleicht die Adelsprivilegien oder die nationale Selbstständigkeit schmälern würden. Wenn sie aber die Reform schon nicht gänzlich beseitigen konnten, dann hielten sie das diesbezügliche Gesetz in so allgemeinen Worten, so fern von der Detaillirung, dass das Gesetz entweder seinem Zwecke nicht mehr völlig entsprach, oder eben durch seine allgemeine Fassung der Staatsgewalt den Weg zum Gesetzesbruch öffnete. Unsere Vorfahren fühlten dies auch schmerzlich; aber sie dachten bei einer solchen Handlungsweise von zwei Uebeln das kleinere zu wählen, sie dachten, dass sie, wenn sich der Fall einer Gesetzverletzung ergebe, unter Berufung auf das Gesetz protestiren können. Und darum bemühten sie sich dass Gesetz so oft zu wiederholen, welches nur der Legislative das Recht einräumt, bei auftauchenden Zweifeln die Gesetze auszulegen.

So verfuhren unsere Ahnen besonders in Bezug auf die Unabhängigkeit des Landes, welche niemals aufgehört hat, von der Regierung mit Gewalt und verborgener List angegriffen zu werden. Sie fürchteten umstrickt zu werden und trauten sich nicht die Fähigkeit zu, Institutionen zu schaffen, welche die nationale Unabhängigkeit auch in der Leitung der gemeinsamen Angelegenheiten gebührend zu garantiren vermögen, sie glaubten nicht im Stande zu sein, diesbezügliche, detaillirte Gesetze zu formuliren, aus welchen nicht eine Rechtsentäusserung herausgedeutet werden könnte; deshalb blieben sie stets bei der Inartikulation allgemeiner Gesetze, denn sie dachten, es sei weniger schlimm, wenn die Staatsgewalt, diese verletzend, sämmtliche gemeinsame Angelegenheiten willkürlich erledigt, als wenn die Nation selbst in einem ungeschickt verfassten, die Verwaltung detaillirt regelnden Gesetze irgend ein Recht aufgibt.

Dies also ist die zweite und Hauptursache, warum die kaiserlichen Minister durch Jahrhunderte die Leitung unserer wichtigsten Staatsangelegenheiten usurpiren konnten, warum unsere Ahnen zur Repression dieser Einmischungen und Rechtsverletzungen so oft zu den Waffen greifen mussten, und warum unsere Vorfahren, trotzdem sie so viel edles Blut vergossen, man kann sagen, verschwendeten, dennoch nicht im Stande waren, auch nur auf einige Jahre die nationale Unabhängigkeit zu sichern, nach welcher die im Genius der Nation unausrottbar wurzelnden Aspirationen schmachteten; aber ach, diese blieben aus den angeführten Ursachen Jahrhunderte hindurch blos unverkörperte Aspirationen, und eben weil sie niemals zur lebendigen Wirklichkeit wurden, blieben sie unausrottbare glühende Aspirationen. Die dichterische Phantasie Ludwig Kossuths schildert diese nach der nationalen Unabhängigkeit sich sehnenden Aspirationen mit seltener Beredsamkeit und hinreissender Kraft, indem er sagt:

„Dieses Prinzip spricht zum Ungar aus den Gräberhügeln seiner Ahnen als heilige Tradition; dieses spricht zu ihm aus der Wiege seines Kindes als heilige Pflicht den künftigen Generationen gegenüber; dieses athmet er in der Luft seiner Heimat ein; — dieses Prinzip umschwebt ihn mit den Dünsten des Bodens, den die Vaterlandsliebe mit soviel Märtyrerblut begossen; — es tönt ihm aus den Weisen entgegen, mit welchen das unverdorbene Volk seine erdrückend schwere Arbeit lindert; es mischt sich in sein Gebet an den ewigen Gott, den er eben darum, weil es sich ins Gebet an ihn mischt, in kindlicher Zartheit den „Gott der Ungarn" nennt: dies durchweht seine Seele in Freud und Kummer, von der Wiege bis zum Sarge . . ."

Wenn wir diese tiefmelancholische Elegie lesen, mit welcher Ludwig Kossuth die nach der nationalen Unabhängigkeit schmachtenden Aspirationen schildert, so durchzuckt uns doppelter Schmerz darüber, dass diese heiligen, mit so viel edlem Blute genährten Aspirationen niemals zu wirklichem Leben erstanden.

Aber waren diese Aspirationen nicht darum durch Jahrhunderte so glühend, weil sie niemals Befriedigung erlangen konnten? Wohnt nicht darum dem Charakter unserer Nation jene düstermelancholische Stimmung, die sich in allem, auch in ihrer Musik und in ihrer Heiterkeit äussert, in so grossem Masse inne, weil ihre Aspiration nach der nationalen Unabhängigkeit, Grösse, selbst um den Preis so bedeutender Opfer niemals wahrhaft verwirklicht werden konnte und immer nur Aspiration blieb? — Da fällt mir ein französisches Sprichwort ein, welches lautet: „on apaise les passions en leurs satisfaisant" — man besänftigt die Leidenschaften, indem man sie befriedigt. Bei den Nationen, die ihr Ziel erreicht haben, ihre Freiheit, ihre Selbstständigkeit gesichert zu sehen, ihre Geschicke selbst bestimmen zu können, die im Glück und Wohlstand leben, finden wir dergleichen elegische Aspirationen nicht und können sie in Folge psychologischer Nothwendigkeit auch nicht finden; an der Stelle desselben finden wir bei solchen Nationen die Befriedigung über die ans Ziel gelangten Bestrebungen; das Gefühl der Beruhigung über das Wohlbefinden, welches aus der gesicherten Selbstständigkeit resultirt; die heitere Lebenslust, die sich aus alledem ergibt; die Stelle der von der Gluth unbefriedigter Aspirationen eingegebenen schwärmerischen Phantasien jedoch nimmt praktische Lebensphilosophie ein.

Es ist wahrhaftig hohe Zeit, dass auch wir endlich die leeren, körperlosen Aspirationen nach nationaler Unabhängigkeit zur lebendigen Wirklichkeit erheben, unsere melancholische Stimmung mit Lebensheiterkeit, die schwärmerischen Phantasien mit praktischer Richtung und realer Lebensphilosophie vertauschen. Jene mögen zwar poetischer sein, aber in diesen wird die Nation gewiss grössere Beruhigung, höhere Prosperität finden. Ludwig Kossuth selbst, — in welchem ich den verkörperten Typus jenes melancholisch-sehnsüchtigen Genius der Nation ehre, — Kossuth selbst wird dann statt schwärmerischer Phantasien praktische Staatsphilosophie als seine Aufgabe erkennen. Und er wird sehen, ich würde viel darauf zu wetten wagen, — dass auch sein patriotisches Herz sich hiebei viel besser, viel glücklicher befinden wird. Und dann wird er mit Grund sagen können, was er bei seiner jetzigen Richtung in seinem Fünfkirchner Briefe gesagt hat, dass er nämlich „ferne ist von Hoffnungslosigkeit."

Jawohl, es ist schon hohe Zeit, dass wir aufhören das Beispiel jener Versteckens spielenden Kinder zu befolgen, die, weil sie selber nichts sehen, indem sie den Kopf irgend wohin verstecken, glauben, dass auch Andere sie nicht sehen. Wir sind schon keine Kinder mehr; wir dürfen uns also auch nicht mehr mit dem inhaltslosen Schein, der leeren Aspiration begnügen, sondern müssen die Jahrhunderte alte Aspiration zur realen Lebendigkeit reifen lassen; hat sie doch schon lange genug unsere nationale Wohlfahrt verhindert, so viele Opfer erfolglos verschlungen, weil sie eine unkörperliche Aspiration blieb!

Die Ursachen hievon waren, wie ich schon zum Ueberflusse auseinandergesetzt, von Seiten der Regierungsmacht das Bestreben, uns der Verfassung zu berauben, und mit den österreichischen Erbprovinzen zu einem Staatskörper zu verschmelzen: von Seiten der Nation aber die aus der Unwissenheit stammende Furcht, durch eine vielleicht ungeschickt abgefasste, detaillirte Organisation, eine Rechtsentäusserung zu begehen, — und die falsche Scham, welche sich von der Begriffsverwirrung herschrieb, als würde die Nation etwas von ihrer Unabhängigkeit aufgeben, wenn sie einige Staatsangelegenheiten, die sie und den Bundesgenossen gleichmässig berühren, mit ihrem Gefährten, wenn auch auf Grundlage der Rechtsparität, gemeinsam erledigte.

Dem Himmel sei Dank, diese Ursachen existiren nicht mehr. Die Regierungsgewalt hat nicht blos bei uns, sondern auch in den übrigen, mit uns unter demselben Herrscher lebenden Ländern, definitiv mit dem Absolutismus gebrochen, — im eigenen Interesse gebrochen, denn nach den erschütternden Schlägen, welche sie in den letzten

Decennien trafen, sah sie klar ein, dass sie dem eigenen Verderben zueilte, wenn sie den Absolutismus noch länger aufrecht zu erhalten strebte. Bei uns sowohl, als auch jenseits der Leitha bewegen sich Regierung und Staatsleben in einem freien, konstitutionellen Organismus, sich gegenseitig das Gegengewicht haltend, sich gegenseitig sichernd. Hierin muss jeder vernünftig denkende eine grössere Garantie für unsere Selbstständigkeit und Unabhängigkeit erblicken, als in sämmtlichen Gesetzen der Vergangenheit.

Verschmelzungsversuche zu befürchten, haben wir also keine Ursache mehr. Und wenn wir irgendwo, ich will nicht sagen Verschmelzungzgelüste, denn diese sind bei unserer eben vollzogenen Organisation eine vollkommene Unmöglichkeit — sondern die Absicht jemals auftauchen sehen, uns in irgend einem einzelnen Momente des Staatslebens in den Hintergrund zu drängen, oder sich auch nur im Geringsten an einem unserer Rechte zu vergreifen; stehen uns dann nicht schon die Mittel zu Gebote, eine solche Absicht schleunigst wahrzunehmen und zu vereiteln? Gott sei Dank, auch die Ursachen existiren nicht mehr, die uns bisher Jahrhunderte lang an der Begründung unserer Wohlfahrt verhinderten. Wir sind nicht mehr unentwickelte Kinder, dass wir bei der detaillirten Feststellung unserer Staatsangelegenheiten und der Organisation ihrer Behandlung fürchten müssen, hintergangen zu werden, und die zu unserem Besten eingeführten Vorschriften aus Mangel an Einsicht unsererseits gegen uns gewendet zu sehen; wir sind nun in das Mannesalter gelangt, und es wäre deshalb eine wahre Schande und ein unverzeihlicher Fehler zu glauben, dass wir die Rechte unserer Selbstständigkeit aufgeben, wenn wir die Angelegenheiten, die wir mit Andern gemeinsam haben, im Einverständnisse mit diesen, auf Grundlage der vollkommenen Rechtsgleichheit, in unserem eigenen Interesse ordnen.

Also nicht einmal falsche Scham könnte man jetzt gelten lassen.

Wenn sich die neue Organisation bei ihrer kurzen, bisherigen Existenz auch noch nicht zur höchsten Vollkommenheit entwickeln konnte; wenn die Bahn auch vielleicht noch ein wenig holperig, unbequem ist, weil, wie ich oben gesagt, die im Laufe der Jahrhunderte gegen uns aufgestellten Hindernisse noch nicht weggeschafft werden konnten : so müssen wir darum nicht ungeduldig werden; wir werden mit Gottes Hilfe und ausdauernder Energie auch diese Hindernisse beseitigen und dann kommen wir ja doch bald auf die sichere, bequeme Landstrasse. Haben wir doch den grösseren, schwereren Theil der Arbeit bereits hinter uns, ist doch unser Weg von den Hindernissen, die Andere unserem Fortschritte entgegengethürmt, mit geringen Ausnahmen schon so ziemlich frei, — und müssten wir doch, wenn wir welche andere Richtung immer einschlagen wollten, mit diesen Hindernissen aufs Neue kämpfen, während es uns, wenn wir in der jetzigen Richtung fortfahren, doch wohl gelingen wird, auch die wenigen noch vorhandenen Hindernisse zu besiegen. Statt auf Veränderung der Richtung, möge all unser Bestreben lieber dahin gerichtet sein, die unser Gedeihen, unseren Fortschritt behindernden inneren Hemmnisse zu besiegen. Unsere den gebieterischen Anforderungen der fortgeschrittenen Zeit nicht mehr entsprechenden, veralteten, überaus mangelhaften, in ebenso viele alterthümliche Ruinen, — in ehrwürdige, das ist wahr, aber unbewohnbare Ruinen verwandelten Institutionen, unsere Regierungsorganisation harren von der ersten bis zur letzten dringender Erneuerung, der Reform. Und ausserdem müssen wir die neuen Schöpfungen, die Errungenschaften der Zeit, die anderwärts bereits akklimatisirt sind und prächtig gedeihen, die unseren staunenden Augen so wunderbare Resultate der gesteigerten Wohlfahrt, Bildung zeigen, in den empfänglichen, eine reiche Ernte verheissenden Boden unseres Vaterlandes verpflanzen.

Ja, darauf sei die ganze Sehnsucht unserer Seele, die ganze Energie unseres Willens, unseres Strebens gerichtet. Entfernen wir aus unserem Charakter jene elegische düster-melancholische Stimmung; seien wir lebenslustig und praktisch; entfernen wir aus unserem Busen die Sprösslinge der aspirationalen Politik unserer Ahnen, die so lange und so viel von Schicksalsschlägen zu leiden hatten; sagen wir uns von den schwärmerischen Phantasien los, die nun gegenstandslos geworden; die alten, glühenden, heiligen Aspirationen unserer Ahnen sind nun, Gott sei Dank, zum wirklichen Leben gereift; hören wir also auf, nach dem Blendwerk wesenloser Phantasien zu haschen, und seien wir, wie es den Söhnen einer mannhaften gebildeten, intelligenten Nation geziemt, praktisch; und da wir zur Entscheidung des Schicksals unserer Nation berufen sind, seien wir zuvörderst Alle staatsklug, oder folgen wir doch wenigstens den Staatsklugen.

„Unsere Zeit — sagt Edgar Guinet — will um jeden Preis hoffen — und sie thut recht daran. Aber unsere Hoffnung sei kein leeres Wort; bestreben wir uns neue und wahre Ideen zu entdecken, denn diese ziemen dem menschlichen Geiste, denn sie erzeugen in ihm die Wahrheit, welche die Zukunft gebiert. Nur so entwickelt sich das Leben, nur so ist die Hoffnung gegründet."

Und damit könnte ich vielleicht meine Erwiderung auf Ludwig Kossuth's Fünfkirchner Brief beschliessen. Doch nachdem er mich einmal durch seinen Angriff zu dieser Polemik gezwungen hat, und ich noch Einiges über Kossuth's Politik im Allgemeinen und über sein jetziges Vorgehen insbesondere zu bemerken habe: so will ich denn auch diese Bemerkungen aussprechen.

IV.

Was ist die Fahne, was das Ziel Ludwig Kossuths?

„Auch ich kann — sagt L. K. in seinem Fünfkirchner Briefe — Gefühle haben, und auch meine politische Religion hat auf ernster Ueberzeugung beruhende Dogmen, an welchen, eben weil sie auf ernster Ueberzeugung beruhen, k e i n e W e n d u n g d e r E r e i g n i s s e, j a s e l b s t d i e H o f f n u n g s l o s i g k e i t n i c h t s ä n d e r n k a n n. V o n d e r H o f f n u n g s l o s i g k e i t b i n i c h a b e r w e i t e n t f e r n t.

Welches sind wohl diese, auf fester Ueberzeugung beruhenden Dogmen der politischen Religion L. K.'s? Einige derselben kennt die Welt, er selbst hat sie oft genug verkündet. Ich will hier nur von dem einen sprechen, welches er als das Banner seiner politischen Religion seit 1849 immer, bei jeder Gelegenheit emporhielt, die sich ihm zum Sprechen oder zum Handeln darbot.

Und dieses, als Banner dienende Dogma ist?

Die a b s o l u t e vollkommene Unabhängigkeit, oder richtiger ausgedrückt — denn unsere Unabhängigkeit besitzen wir nun schon und wenden sie auch grösstentheils an — die L o s t r e n n u n g von der Dynastie Habsburg-Lothringen.

Und dass mich Niemand beschuldige, ich wolle verdächtigen, nachdem doch Ludwig Kossuth selbst in seinen neuesten Kundgebungen jene, von ihm in dem Briefe an Franz Deák ausgesprochene Behauptung, dass „die Rechte des Landes mit dem Bestande der Dynastie unvereinbar seien", dahin erklärt hat, dass er dies blos bedingt ausgesprochen habe.

Er weiss es, warum er seinen früheren Worten jetzt diese mildere Bedeutung gibt; ich aber bin gezwungen zu glauben, — und ich meine, dass auch der Leser mir nach dem Durchlesen dessen, was ich vorbringen werde, recht geben wird — dass die Losreissung von der Dynastie vom 14. April 1849 an bis heute das politische Banner Ludwig Kossuth's war.

Um dies zu beweisen, will ich nicht einzelne Stellen aus den Briefen citiren, die er nach unserem Sturz im Jahre 1849 in den ersten Jahren des Exils schrieb, obwohl ich es könnte, da ich die Kopien mehrerer dieser, an verschiedene Personen gerichteten Briefe besitze. Man könnte auf dieselben sagen, dass er sie in der ersten Bitterkeit des Schmerzes über den Sturz, in der Hoffnungslosigkeit der Möglichkeit eines friedlichen Ausgleiches, zu einer Zeit schrieb, als aus diesen Gründen nicht nur er allein, sondern auch sämmtliche Emigranten sich zur Losreissungs-Politik bekannten. Ich übergehe daher diese, und theile nur einige Briefe aus jener Periode theilweise oder ganz mit, in welcher die Regierungsgewalt bereits ihre ersten, zwar noch ungenügenden, aber in Bezug auf die künftige, friedliche Entwickelung der Dinge bereits Hoffnung erweckenden Schritte gethan hatte. Diese Briefe enthalten auch in andern Beziehungen viel Interessantes; sie lassen uns nämlich die Hauptprincipien der Politik L. K.'s in klarem Lichte erscheinen, und zeigen uns an manchen Stellen einzelne Züge seines Charakters. Und ich fühle mich zur Veröffentlichung dieser Briefe vollkommen berechtigt, denn sie tragen durchaus **keinen Privatcharakter** an sich: Briefe, die vom Haupte der „Nationalregierung" — wie L. K. selbst das ausländische Revolutionskomité nannte, in Staats-Angelegenheiten der

Nation an ein Mitglied dieser Nationalregierung gerichtet sind, das Schicksal der Nation tief berühren, solche Briefe können keine Privatbriefe sein, deren Veröffentlichung Anstand und Courtoisie verbieten, denn sonst müsste sich ja die zeitgenössische Geschichte blos auf die oft unwahren Mittheilungen öffentlicher Aktenstücke und der Zeitungsartikel beschränken, was die pragmatische Geschichtsschreibung unmöglich machen würde. Ich bin also zur Publikation dieses Briefes vollkommen berechtigt.

Jeder meiner Leser kann es wissen, dass Se. Majestät, Franz Josef am 19. April 1860 an den General Benedek, als den neu ernannten Gouverneur unseres Landes ein Handschreiben gerichtet hat, in welchem dem Lande Konzessionen versprochen werden. Meine Leser können wissen und — aber nur einige — wissen es auch, dass gegen dieses publizirte kaiserlichen Handschreiben von gewissen Kreisen im Lande eine Manifestation vorbereitet wurde. Das Konzept oder blos der Auszug (genau weiss ich es nicht) dieser Manifestation wurde Ladislaus Teleki mitgetheilt, damit man durch ihn die Meinung, welche die Emigration und besonders Ludwig Kossuth darüber äussern würde, erfahre. Dies ist also der Gegenstand des folgenden Briefes:

Ludwig Kossuth an Graf Ladislaus Teleki.
Regents Park Terrace, London, 26. April 1860.

Lieber Freund! Dein Brief vom 22. April ist sicher in meine Hände gelangt. — — — Ich spreche zunächst über den wichtigsten Punkt Deines Briefes, über die beabsichtigte Erklärung, welche (ich muss es wiederholen) nach dem Ausspruch Deines Korrespondenten keine positive Kundgebung enthält, sondern nur gegen die falschen Verbreitungen der bezahlten Presse Thatsachen erwähnt, also eine Art journalistische Polemik gegen journalistische Entstellungen ist.

Was mich anbelangt, so würde ich, wenn schon Diejenigen,

welche man die „einflussreichen Klassen" nennt, eine Kundgebung
unterzeichnen, eine Erklärung erwarten, in welcher sie sagen, was
sie wollen, und nicht eine Zeitungspolemik. Aber, wenn sie es dennoch thun wollen, so versichere ich Dich, dass ich weder mit Worten, noch thatsächlich entgegentreten werde, aber mich damit
identifiziren, ja durch meine vorläufige Billigung den Schritt so zu
sagen provoziren, das ist ein Opfer, zu welchem ich nur dann bereit
sein könnte, wenn ich daraus für das Vaterland irgend einen grossen positiven Nutzen ersehen würde; den sehe ich jedoch nicht,
während ich andererseits folgende zwei Gründe dagegen, d. h. gegen das von mir verlangte Opfer habe:

1. Mein Beitritt würde die Konsequenz meiner ganzen politischen Vergangenheit kompromittiren, und ich besitze nichts, als
was ich vom Schiffbruch meines Lebens gerettet habe.

2. Ich würde die Partei zu Hause über meine Grundsätze oder
meine Politik irreführen, jene Partei, mit welcher ich mich identi-
fizirt fühle.

Wenn der Vorschlag von den Leuten unserer Partei käme, und
zwar mit dem Bedeuten, dass sie, welche die Umstände kennen,
denselben für gut und nothwendig halten, so würde ich sagen: Seht
zu, was Ihr thut, Euer ist die Verantwortlichkeit, ich bin nicht der
Mann dazu, unter Euch eine Spaltung hervorzubringen. Aber der
Vorschlag kommt nicht von unserer Partei, und da ich nicht weiss,
was diese darüber denkt, so würde meine Einwilligung die Verantwortlichkeit mir aufbürden und unsere Partei über meine Politik
irre machen.

Du weisst, lieber Freund, dass ich die Unabhängigkeit unseres
Vaterlandes für gewiss halte,*) (denn sie gehört zu den Postulaten
des normalen Zustandes Europas) und desshalb den Ausgleich
mit Oesterreich unter was immer für einer Bedingung als ein Unglück betrachten würde: nichts-
destoweniger aber begreife ich, dass unserem armen Volk der gegenwärtige Zustand unerträglich, und ich würde, wenn der Oester-

---

*) Es ist zu bemerken, dass Ludwig Kossuth unter diesem Wort
immer die am 14. April proklamirte Unabhängigkeit versteht.

reicher von der Noth gezwungen unser Vaterland in integrum restituiren würde, es nicht allein nicht übel nehmen, wenn die Nation mit dem sich aussöhnte, welchen sie zum Verlust des Thrones verurtheilt hat, sondern ich würde auch mit Freuden darauf verzichten, den ewigen Schlaf in der Erde meines Vaterlandes zu schlafen.

Aber ein solches Resultat erwarten selbst die sanguinischesten Konservativen von der beabsichtigten Kundgebung nicht, — was ist also der Zweck derselben?

Man sagt, die Einheit der Meinungen. Es ist ein grosses Ding um diese Einheit, aber wie wichtig sie auch sei, so kann sie doch niemals der Zweck, sondern nur das Mittel zu einem Zweck sein. Und zu welchem Zweck wäre diese Einheit gemacht? Zum Zweck des Ausgleichs mit den Oesterreichern auf Grund von Konzessionen. Das ist der Zweck, kein anderer. Das geht klar aus dem Ganzen hervor, besonders aus dem vierten Punkt *); dieser kann wegbleiben, aber die Tendenz bleibt erwiesen. Nun, ich möchte zu diesem Zwecke keine Einheit suchen; je grösser diese wäre, für ein um so grösseres Unglück würde ich sie halten. **Wenn der Nation dieser Zweck, diese Politik gefällt, gut, sie möge zusehen,** — aber ich kann unsere Partei dazu nicht einladen, **ich kann von der Fahne nicht abstehen, zu welcher mein Herz, meine Ueberzeugung geschworen, ich will unter dieser leben, als ein lebender Protest gegen die österreichische Usurpation; und unter dieser Fahne will ich sterben.**

Du sagst richtig, lieber Freund, dass, (wenn der vierte Punkt weggelassen wird) in dem Vorschlag nichts ist, was nicht wahr wäre; nur dass noch mehr wahr ist.

Ich weiss nicht, ob es in der Absicht der Nation liegt, um der Eintracht willen sich unter die Fahne der Konservativen zu begeben,; wenn dem so ist, so stelle ich mich ihr nicht in den Weg. Gott weiss es, dass ich weder die Leitung affektire, noch Andere darum beneide. Aber meine Ueberzeugung gestattet mir nicht, wenn meine Meinung in den Augen wessen immer irgend ein Gewicht hat, dies dazu zu benützen, dass meine politischen Freunde im Va-

---

*) Die Punkte folgen weiter unten.

terlande von unserer gemeinschaftlichen Fahne sich ab- und der konservativen Fahne, der Fahne der Kznzessionisten sich zuwenden.

Du weisst, mein Herzensfreund, dass wenn wir sie auch mit unserer Billigung encouragirten, meines Erachtens nicht zwei Dutzend konservative Notabilitäten sich finden würden, welche die beabsichtigte Erklärung unterzeichnen möchten (ausgenommen der 4. Punkt bleibt darin). Aber sie möchten wohl, dass von unserer Partei Tausende die Erklärung unterschreiben. Allein unsere Partei braucht eine solche Erklärung nicht, von ihr weiss die ganze Welt, dass sie mehr will. Zu sprechen ist Niemand genöthigt; doch wenn Jemand spricht und weniger sagt, als die Welt im Hinblick auf seine Konsequenz von ihm erwartete, so macht er einen Rückschritt

Möge sie es thun, wenn es ihr beliebt, ich stelle mich ihr nicht in den Weg, die Nation ist der Herr; — aber man kann nicht verlangen, dass ich, der als Organ des nationalen Willens die Thronentsetzung des österreichischen Hauses proponirte, dass ich — sage ich — mich mit dem Rückschritt identifizire, ja mit meiner Billigung die Partei zu dem Rückschritt einlade, deren Fahne ich bin. Ich bin in einer exzeptionellen Lage, ich kann die Deferenz gegen die konservative Partei, die mit mir bisher im Antagonismus war und jetzt mit mir sich identifiziren will, nicht so weit treiben, dass ich Alles, wass ich zu Hause während des Kampfes, Alles was ich seitdem Angesichts Europa's und Amerikas sagte und that, gradezu desavouire.

Wenn die Nation es thun will, so möge sie es thun, ich werde es dulden, ich brachte mich nie in Gegensatz mit der Nation — aber sie muss es ohne mich thun.

Eines habe ich vergessen; Du hast recht. ich habe gesagt, dass Alles richtig ist, was in dem Vorschlag gesagt wird. Ich muss eine Ausnahme machen. Im ersten Punkte wird gesagt, dass was immer für ein Versuch, der nicht die Wiederherstellung des konstitutionellen Zustandes bedingt, den allgemeinen Wunsch nicht befriedigen wird, -- es wird daher behauptet, dass nicht die Verfassung, so wie sie 1848 reformirt wurde, sondern die Wiederherstellung des verfassungsmässigen Zustandes den allgemeinen Wunsch befriedigen würde.

Ich glaube dies nicht, und wenn es dennoch so wäre, so würde ich mich nicht durch den Oesterreicher, sondern durch meine eigene Nation verbannt fühlen.

Du wirst sagen, das sei Alles nur Raisonnement; was sei denn meine positive Meinung? Die folgende:

1. Diejenigen, welche den Vorschlag machen, haben sich niemals um meine Meinung gekümmert, sie sollen mich auch jetzt aus dem Spiel lassen; folge Deiner Ueberzeugung, rathe ihnen nach Deiner Ueberzeugung und deinem Urtheil. Von mir, bitte ich Dich sprich mit ihnen nicht.

2. Die nationale Einheit wird geboren und wird erhalten ohne Erklärung; um ihretwillen bedürfte es also der Deklaration nicht. Sie mögen sie aufrecht erhalten, so wie sie sie geschaffen haben, und sie mögen sie kräftigen durch die zur Orientirung designirten Thatsachen der vis inertiae. Eine Erklärung wird nicht verschmelzen, sondern lösen; Einer wird sie nicht unterschreiben, weil er darin zu wenig, der Andere, weil er darin zu viel sieht, und die beim Handeln zusammen gingen, werden sich über Worte veruneinigen.

3. Wenn jene Partei, welche 1847/48 entweder gegen uns, oder nicht mit uns war (wie z. B. M. L.), dennoch schreiben oder manifestiren will, so wird ihr der an Herrn Benedek geschriebene kaiserliche Ukas eine sehr günstige Gelegenheit zu einem mannhaften Schritt geben, welcher seitens jener Partei ein entschiedener Schritt nach Vorwärts (nicht aber ein Rückschritt der fortgeschrittenen Partei) sein wird, und welcher ausserdem, dass er auf gesetzlichem Boden bleibt, die Nation zu grossem Dank verpflichten und viel mehr zur Konsolidation der Einheit beitragen würde, als wenn man unsere Partei zu einer Kundgebung bereden würde, welche die Unabhängigkeitserklärung desavouirt und von dieser Seite ein Rückschritt wäre.

Als ich das Telegramm las, fürchtete ich, das neue österreichische Manöver werde bei allem Humbug desselben eine Spaltung herbeiführen und sich eine Partei machen, weil es heilige und geliebte Namen erwähnt: Komitat, Reichstag, Selbstverwaltung. Seitdem ich den Ukas selbst gelesen habe, fürchte ich nichts. Es ist Hohn und Insult auf die Leiden gehäuft.

Selbst der konservativste Ungar erwähnt pacta conventa; da

wird oktroyrt, sowie man 1849 die Verfassung oktroyirt hat, — wo ist sie?

Der Ungar will nicht vom Wiener Minister abhängen, und hat auch das Gemeindesystem nur vom Reichstag annehmbar erklärt. Dieses (kaiserliche Handschreiben) verweist Herrn Benedek, der selbst ein lebendes Gravamen ist, hinsichtlich der Gemeinde, Komitats- und Reichstags-Organisation auf die künftigen Instruktionen des Wiener Ministeriums.

Der Ungar verlangt die Rückkehr auf die historische Basis; der Ukas hält die reichseinheitliche Organisation aufrecht, und verordnet, dass selbst das Komitat in den Rahmen derselben eingeengt werde.

Der Ungar fordert seine Selbstständigkeitsrechte zurück, der Ukas schmeichelt ihm mit der Hoffnung, die Gnade werde für ihn so weit gehn, dass man bald auch ihm verleihen wird, was man den elenden Oesterreichern, Czechen u. s. w.*) zu oktroyren beabsichtiget.

Wenn das ein Köder ist, so ist es kein solcher, mit dem man ungarische Fische fängt. Nein, nicht einen einzigen. Es ist ein Hohn, ein Insult, der nur Indignation erregen kann.

Die konservative Partei soll dagegen ihre Stimme erheben. Die Unterzeichner sollen in ihrem Namen und nicht im Namen der Nation sprechen und die oben erwähnte Kardinalsünde hervorheben, ihr Programm vorbringen und sagen, dass dies das M i n i m u m sei, welches sie zu befriedigen vermag.

Ich schreibe dieses Minimum her, wie ich es aus G. K.'s Vortrag und jenen Schriften entnommen habe, welche Du mir ein und das andere Mal aus der Heimath mitzutheilen die Güte hattest:

Restitutio in integrum auf Grund der pacta conventa und daher:

1. Die Wiederherstellung der Territorial-Integrität des Landes;
2. die Wiederherstellung der Verfassung, sowie sie im Jahre 1848 reformirt wurde;

---

*) Ich bin so frei zu fragen: „Warum nennt Ludwig Kossuth die Oesterreicher und Czechen Elende? Dann soll es in den unteren Schichten keine dünkelhafte Prahlerei und Aufgeblasenheit geben, wenn selbst ein Parteiführer, der gewesene Gouverneur, von andern Völkern so spricht"

3. das Verhältniss zu den Erbprovinzen, also zur Wiener Regierung im Sinne der pacta conventa blos auf die Personalunion beschränkt; und

4. zur Garantie die Aufhebung jener ewigen Konflikte, welche daraus entspringen, dass derselbe Fürst, dessen Pflicht es ist, Ungarn konstitutionell zu regieren, seine anderen Provinzen absolutistisch regiert. Also der Wunsch, dass nicht allein Ungarn in seine Verfassung wieder eingesetzt werde, sondern dass auch die österreichischen Erbprovinzen konstitutionell regiert werden, und so durch die Einheit der Tendenz im Oberhaupt, das konstitutionelle Prinzip nicht mehr den Angriffen des absolutistischen Prinzips ausgesetzt sei.

Dies mögen die Konservativen, oder wenn Du sie so nennen willst, die Gemässigten, sagen. Sie können es sagen, denn die ersten drei Punkte sind streng gesetzlich, den vierten auszusprechen, ist die conservative Partei bereits auf einem Reichstag übereingekommen. Dies auszusprechen ist jetzt opportun, denn von österreichischer Seite ist eine Thatsache dazwischen gekommen, welche man annehmen oder beantworten muss. Es ist rathsam, dass sie es sagen, denn sie müssen die europäische öffentliche Meinung orientiren. (Du weisst, dass die „Times" Hosianna rief, auch über die Konzessionen, der halbofficielle „Constitutionel" aber die Freude der französischen Regierung ausdrückte, und die Wiener Blätter dies auszuposaunen sich beeilten. — Die Galle schäumt in mir über diese Freude und nicht wahr, mit Recht?) Und endlich wäre eine solche Erklärung auch für die gemässigte Partei selbst nützlich, denn durch 30—40 bekannte Namen unterzeichnet (was praktisch möglich ist), würde die Erklärung mehr zur Gewinnung des Vertrauens der Nation beitragen, als eine nichts deklarirende Deklaration, von Tausenden unterzeichnet (was praktisch nicht möglich).

Ich schliesse diesen Gegenstand damit, was ich vielleicht gleich Anfangs erwähnen sollte. Die Situation hat sich geändert; das beabsichtigte Manifest ist veraltet. Man kann nicht mehr sagen, dass man mit dem befolgten System nicht zufrieden ist, weil man darauf antwortet: das System existirt nicht mehr, man hat es geändert. Folglich muss man das antworten, was an die Stelle desselben gesetzt wurde. Hierauf kann man aber nur mit der Darlegung des Minimums antworten.

Aber dies mögen Diejenigen thun, bei welchen dieses Minimum ein Fortschritt und ein Unterpfand der Verschmelzung mit der Nation ist, und sie sollen nicht die Unterschrift Derjenigen verlangen, die sich damit im Falle der Noth vielleicht zufrieden geben, welche es aber nicht als Programm aufstellen können, ohne die 1849-er Fahne zu zertrümmern und einen Bussgesang anzustimmen; davon zu schweigen (denn das zählt freilich nicht im Interesse der Nation), dass sie uns, die Vertreter der 1849-er Fahne im Auslande von sich verstossen würden. Wenn es ihnen so beliebt, so dulden wir es, aber provoziren wir sie nicht dazu. (Die anderen Theile des Briefes sprechen von Dingen, welche auf unseren Gegenstand keinen Bezug haben.) — Und jetzt, Gott mit Dir, mein lieber Freund. Genehmige meine freundschaftliche Achtung und meinen Gruss. Dein Getreuer

Kossuth u. s. w."

Aus diesem Briefe ersehen wir klar, dass die Fahne Ludwig Kossuths's auch im Jahre 1860 noch immer die Fahne des Abfalls von 1849 war, wir sehen, dass „er sich selbst für den Träger der Fahne des 1849-er Abfalls" hält und sich als solchen im Auslande verkündet; dass „er, der die Verurtheilung des Hauses Österreich zum Thronverluste proponirte, sich mit dem Ausgleiche nicht identifiziren könne," dass „er von der Fahne nicht ablassen kann, zu der sein Herz und seine Ueberzeugung geschworen, dass er unter ihr als lebendiger Protest gegen die österreichische Usurpation leben, und unter ihr sterben will"; dass er „den Ausgleich mit den Österreichern *unter welchen Bedingungen immer* für ein Unglück halten würde" und wenn die Nation sich dennoch ausgleichen sollte, so würde sie die Vertreter der Fahne von 1849 von sich stossen."

Und dass er dieser Fahne, der Fahne des Abfalls von 1849, bis heute treu geblieben ist, und nach dem obigem

Zitate, unter derselben auch sterben will, das geht unzweifelhaft aus den Worten des Fünfkirchner Briefes hervor, die am Anfange dieses Kapitels stehen, dass nämlich an seinen Ueberzeugungen „keine Wendung der Ereignisse, ja selbst die Hoffnungslosigkeit nichts ändern kann."

Die eiserne Konsequenz, das unerschütterliche Festhalten an seinen Ueberzeugungen sind gewiss einer der schönsten Züge im Charackter dieses Mannes, wiewohl übrigens auch der Ausspruch des lateinischen Aphorisma wahr ist : „Sapientis est, mutare consilium in melius"; — es ist dem Weisen eigen, seine Meinung in eine bessere zum verwandeln. Ich weiss diese Konsequenz an Ludwig Kossuth mit voller Anerkennung zu würdigen, und glaube, Niemand wird ihn dafür, dass er seiner Ueberzeugung so treu bleibt, tadeln, Niemand wird streben, ihn in derselben wankend zu machen. Möge er seiner Ueberzeugung nur auch ferner treu und konsequent bleiben; aber — und dies fordern wir mit Recht und billigerweise von ihm — nur für seine eigene Person. Möge er diese seine Ueberzeugung in seinem eigenen Busen bewahren und pflegen bis ins Grab, — wir werden seine Konsequenz loben; aber andere, eine ganze Nation, besonders deren ungebildetere, zum Verständniss und zur Beurtheilung der Staatsangelegenheit unfähige, niedere Volksklassen möge er nicht zur Annahme seiner Ueberzeugung verlocken, er möge zu diesem Zwecke bei der Nation nicht agitiren. Dazu hat er nicht das Recht, dies darf er billigerweise nicht thun.

Er soll auch nicht, wie er es in seinem Fünfkirchner Briefe thut, auf das Beispiel Gallilei's sich berufen, der als er gezwungen wurde, seinen Glauben an die Bewegung des Erdballs abzuschwören, im Momente der Abjuration in die bekannten Worte ausbrach : „e pur si muove — und sie bewegt sich doch." Wie sehr auch Gallilei für seine Ueberzeugung agitirt hätte, wenn er auch seine ganze Nation dazu bewogen hätte, seine Ueberzeugung zu theilen, so würde dies keine andere Folge gehabt haben, als dass seine Nation über ein wirklich vorhandenes Naturphänomen aufgeklärt worden wäre. Der Zweck Gallilei's war einzig die Wissenschaft, die Niemandem schaden, sondern nur nützen konnte, indem sie die Kenntnisse eines jeden Einzelnen bereicherte.

Aber was ist der Zweck Ludwig Kossuth's, wenn er die Fahne des 1849-er Abfalls hochhält?

Dieser kann nichts anderes sein, als eine neue Revolution! denn das, was auf diese Fahne geschrieben ist, könnte man blos durch eine Revolution zu Stande bringen, wenn dies nämlich überhaupt möglich wäre; und wenn die Nation so blöde, so unvernünftig wäre — wovor sie jedoch ihr gesunder Verstand bewahren wird — diese Ueberzeugung Kossuth's, für deren Annahme er bei der Nation so lebhaft agitirt, wirklich zu theilen, dann würde sie sich geradewegs in den Strudel der Revolution stürzen! Spricht es doch Kossuth selbst in seinem Briefe an die Wähler des Jászladányer Stuhlbezirks klar und deutlich aus, dass „die Erreichung des Zieles,“ welches er sich ausgesteckt hat, „nicht auf dem Abgeordnetensitze zu bewerkstelligen sei.“ Dieses Ziel ist blos durch die Waffen, durch die Revolution zu erreichen.

Und will dies vielleicht die Nation? Ich sehe, ich weiss, dass sie es nicht will. Es sind nun ungefähr anderthalb Jahre, seit ich aus dem Exile ins Vaterland zurückgekehrt bin, und ich habe es mir zur Aufgabe gemacht, die Stimmung der Nation kennen zu lernen. Ich sehe, dass hie und da — und leider eben in einigen unserer kernungarischen Städte — einige charakterlose, von üblen Leidenschaften getriebene Menschen, die nichts zu riskiren haben und daher um jeden Preis die Verwirrung wünsehen, da diese sie an die Oberfläche befördern könnte, durch ihre gewissenlosen, kommunistischen Wühlereien ein paar Hundert unwissende, einfältige Einwohner zu Excessen verleitet haben. Ich sehe, dass einige Ehrgeizige, die nach hohen Aemtern und Macht geizen, das Volk zu andern Zwecken, auf andere Weise fortwährend aufhetzen. Aber diese ausgenommen, sehe ich in der ganzen vaterländischen Intelligenz nicht die geringste Neigung zur Revolution. Die ansehnliche Reichstags-Opposition, das sogenannte linke Zentrum, und deren im Lande existirende Partei hat sich zwar auch Prinzipien zur Aufgabe gestellt, welche von denen der Majorität abweichen; aber sie will diese Prinzipien nicht durch gewissenlose Aufreizung der unteren Volksklassen, sondern auf konstitutionellem Wege, blos durch gesetzliche Mittel zur Geltung bringen, — und sie schaudert vor der Revolution gerade so zurück, wie die Rechte und die Masse der hinter derselben stehenden intelligenten Staatsbürger. Ich kann also nirgends im Lande revolutionäre Neigung bemerken.

Aber vielleicht glaubt Ludwig Kossuth dennoch an das Vorhandensein derselben in der Nation, da er eine so agitatorische revolutionäre Politik befolgt? Erst jüngst sagte er in seinem Fünfkirchner Briefe, „dass er noch ferne ist, die Hoffnung" auf die Verwirklichung „seiner politischen Religion" „seiner auf ernster Ueberzeugung beruhenden Dogmen", seiner Aspirationen aufzugeben, und dass „blos zwei oder dreihundert Menschen in einem verzweifelten Momente des Wankelmuths den Glauben an die Nation aufgegeben haben."

Also sollte L. K. die ungarische Nation wirklich für revolutionär halten? Ich weiss vom Gegentheile; ich weiss, dass es auch damals, als über die Nation die eiserne Ruthe des drückendsten Absolutismsus geschwungen ward, und als sie deshalb Grund genug gehabt hätte, revolutionäre Neigungen im blutenden Busen zu hegen, — ich weiss, sage ich, dass es selbst damals die grösste Klage Ludwig Kossuths war, die Nation sei nicht r e v o l u t i o n ä r, sondern bereit zur Unterhandlung.

Einen Beweis hiefür! — höre ich den Leser rufen. Ich kann reichlich damit dienen durch m e h r e r e Briefe Ludwig Kossuth's selbst. Hier ist Einer derselben, der zugleich als Beweis dafür dient, dass der Schwerpunkt der Politik Ludwig Kossuth's die Losreissung.

L u d w i g K o s s u t h a n G r a f L a d i s l a u s T e l e k i..

Regents Park Terrace, London 1. Mai 1860.

„Lieber Freund! Als das Konzessionstelegramm einlangte (noch bevor wir das Patent selbst gekannt hatten) schrieb und liess Jósika schreiben: ich solle ihm Instruktionen ertheilen. Ich schrieb ihm, dass, wenn daheim die Bewegung in die konzessionale Richtung fortgerissen, wenn auf den ausgesäeten Wind der Sturm als Ernte folgen würde, ich nicht der kompetente Rathgeber wäre. — — Ich schliesse hier in Kopie zwei Punkte aus meinem Briefe an Nikolaus Jósika bei, welche mehr sind als Polemik, welche zeigen, in welchem Lichte sich mir das darstellt, was zu Hause geschieht.

Mit herzlicher Achtung dein Freund Kossuth."

Auszug aus dem Briefe, den Ludwig Kossuth unterm 29. April 1860 an Nikolaus Jósika richtete:

„5. D e r a u s g e s p r o c h e n e C h a r a k t e r d e r v a t e r l ä n d i s c h e n B e w e g u n g i n a l l e n i h r e n t h a t s ä c h l i c h e n K u n d g e b u n g e n i s t d i e W i e d e r e r l a n g u n g d e r V e r f a s s u n g u n t e r ö s t e r r e i c h i s c h e r O b e r h o h e i t, u n d D e s a v o u i r u n g d e r n a t i o n a l e n R i c h t u n g.

„Du, freilich, erhebst einen Wehruf darüber, denn du willst dies nicht, und deine von edleren Gefühlen geschwellte Brust em-

pfindet schon vor diesem Gedanken Abscheu: aber es **ist dein
Fehler, dich so sehr über die Gährung***) **im nationalen Leben zu freuen,** dass Du nicht prüfst, was hinter
dieser Gährung steckt, denn während zehn Jahre sind, (wie Du
sagst) zweihundertdreiundfünfzig Ungarn in Deinem Hause einge-
kehrt, und nicht ein Einziger hat Dir (was freilich sehr natürlich ist)
gesagt, dass er mit den Oesterreichern paktiren wolle; und weil Du
hie und da einen überschwänglichen Herzenserguss zu hören be-
kommst, welcher — um mich Deiner Worte zu bedienen — sagt:
Was, Konzessionen? Die braucht der Teufel! — so freust Du Dich
über eine solche Aeusserung ungemein, und siehst die Thatsachen nicht
in ihrem Zusammenhange, siehst nur die gefälligen Details und nicht
das Verkehrte und Fehlende; Du siehst vor lauter Bäumen den
Wald nicht, und untersuchst nicht, wohin der Bach treibt, der so
lieblich vor Deinen Augen dahinfliesst.

„Missverstehe mich nicht. Ich spreche nicht von den geheimen Wünschen der Herzen; ich sage nicht, dass, wenn Jemand dem
Vaterlande die Befreiung von Oesterreich fertig auf einer Präsen-
tirtasse entgegenbrächte, wie sie Napoleon der Lombardei entgegen brachte, sich auch nur ein einziger unter den ältesten Altkon-
servativen finden würde, der da sagte: Wir brauchen sie nicht!
Wir können uns allein erhalten; ich ziehe die gemischte Ehe vor,"
(diese Lieblings-Hobby Széchenyis.) Kein Einziger würde dies sagen, ja, Du würdest sogar einstimmige Cheers hören, wie sie die
Welt noch nicht gehört hat.

„Und dies ist noch nicht Alles; Ich weiss es, mit inniger See-
lenfreude, es gibt noch Patrioten, die — — jeden Augenblick bereit sind, ihr Leben, ihr Alles für die Befreiung des Vaterlandes
aufs Spiel zu setzen, und die an verschiedenen Orten in der Provinz
energisch in dieser Richtung thätig sind. Allein sie besitzen nur

---

*) Ich fürchte sehr, dergleichen Behauptungen könnten der Welt zu-
letzt leicht den Glauben beibringen, dass L. K. selbst das Aufhören, die
Vernichtung der Gährung im nationalen Leben mit gleichgiltigen Augen ansehen würde, wenn nur seine revolutionären Aspirationen ihr Ziel
erreichen!

einen provinziellen Wirkungskreis und nicht sie sind es, die der offenen Bewegung des Landes die Richtung vorschreiben. Dies ist eine positive Thatsache.

„Endlich weiss ich, dass das Gefühl der Masse des ungarischen Volkes so beschaffen ist, dass man vor ihm die Kniee beugen muss. Aber wie überall, ist die Masse auch bei uns eine v i s   i n e r.s (eine träge Kraft, *) welche sagt: Wir werden das Unsrige thun, gebt ihr nur die Ordre aus, — sie gibt keine, sondern nimmt eine Richtung an.

„Diejenigen hingegen, welche den Kundgebungen der nationalen Bewegung die Richtung geben — ich sage es auf das Entschiedenste, haben der Bewegung den C h a r a k t e r   d e s   S t r e b e n s   n a c h V e r f a s s u n g s r e s t i t u t i o n u n d d e r V e r l e u g n u n g d e r   R e v o l u t i o n aufgedrückt,

„Das ist es, was ich stets missbilligt, verdammt und bekämpft habe, und noch jetzt e n t s c h i e d e n   m i s s b i l l i g e,   v e r d a m m e   u n d   b e k ä m p f e; denn eine solche Richtung wird, was auch immer die theoretischen Enthusiasten (!?) sagen mögen, statt der Erreichung des vorgesteckten Zieles, die Nation nur neuen Täuschungen entgegenführen, abgesehen davon, dass sie den Geist der Nation lähmt und ihn für die grossen Entschlüsse, die dem möglicherweise eintretenden grossen Momente entsprechen, unvorbereitet lässt.

„Blicke auf Venedig, wie Du vor dem Kriege auf die Lombardei sehen konntest: es macht keine Demonstrationen; es subskribirt auch nicht Hunderttausende auf Akademiepaläste (!) für Kazinczy-Statuen, für Fauteuil fürs Museum und was weiss ich, wofür noch Alles: aber eine mannhafte Trauer, die Weise eines personifizirten Zähneknirschens (!) liegt über Venedig ausgegossen, so dass die ganze Welt, dass Gott selbst mit Fingern darauf hinweist als auf ein Land, das durch keine Konzessionen, selbst nicht aus

---

*) Ja, so ist das Volk überall, den in seinem einfältigen guten Glauben meint es, dass Diejenigen, deren Beruf es ist, oder die den Beruf auf sich genommen haben, es zu leiten, ihm stets solche Ordres geben, die zu seinem wirklichen Wohle dienen; so ist das Volk, denn in seiner

dem Reiche der Phantasien, mit der Herrschaft der Oesterreicher versöhnt werden kann, *) Wie kommt es, dass die Welt, ohne dass ein Wort gesprochen wurde, dies versteht, ahnt, weiss?

„Und woher kömmt es, dass die ganze Welt — die g a n z e W e l t! Regierungen wie Nationen von der ungarischen Bewegung das Gegentheil glaubt, dass sie glaubt, Ungarn werde, wenn Oesterreich es nicht durch Konzessionen versöhnt, früher oder später, zwar aufstehen, dass Ungarn jedoch durch vernünftige Konzessionen versöhnt werden könne? **) Woher kömmt es, dass auf die Kunde vom Telegramme Benedeks Italien verzweifelnd erbleichte, dass die Mitglieder des Turiner Parlaments und der Schwarm der Zeitungsredakteure erschreckt sich zu unserem Vertreter in Turin drängte, um zu verzweifeln oder sich Trost zu holen? ***)

„Der „Constitutionele" wurde aus dem Tuilerienkabinet inspirirt (das ist Thatsache) Ungarn zur Versöhnung mit Oesterreich zu gratuliren. Die „Times" schreibt Leitartikel in ähnlichem Sinne."****)

Unverdorbenheit ist es nicht einmal fähig vorauszusetzen, dass Diejenigen, die sich zu seinen Führern aufgeworfen haben, auch nur im Stande wären, dasselbe ohne ä u s s e r s t e N o t h w e n d i g k e i t leichtsinnig, blos von persönlicher Ambition geleitet, in die Revolution zu jagen, in die Revolution, welche, ohne die in hochtönenden Worten ausgesteckten, köstlichen, blendenden Ziele zu v e r w i r k l i c h e n, vom Volke furchtbare Opfer verlangt, und es ins Verderben stürzt.

*) Was würde Ludwig Kossuth sagen, wenn das Beispiel der Stammessympathie der Italiener, welches auf uns nicht passt, von Denjenigen, auf welche es wirklich passt, von den Rumänen, Serben, Russnyaken, Slovaken, Deutschen, die sämmtlich Söhne eines Vaterlandes mit uns sind, sämmtlich befolgt würde?

**) Woher? Nun, ganz einfach daher, weil Ungarn noch dem leidenschaftslosen Urtheile eines jeden unbefangenen Patrioten in der Heimath, und der g a n z e n W e l t, in Folge seiner geringen numerischen Kraft und der Nöthigung seiner äussern und innern Verhältnisse dazu g e z w u n g e n ist, und weil es sich durch eine Revolution der Gefahr des Unterganges aussetzen würde.

***) Nun, wohl daher, weil die klugen Italiener es gerne gehabt hätten, wenn w i r durch unseren Aufstand ihnen d i e Kastanien aus der Gluth geholt haben würden.

****) Das kam wohl daher, weil es nicht in ihrem Interesse stand, zuzuschauen, wie die ungarische Nation in ihr Verderben stürzt.

„Und Du, selbst Du, der befriedigte Enthusiast (ich meine befriedigt von der nationalen Bewegung) erachtest es für nöthig. H. in Paris den Auftrag zu geben, er möge augenblicklich seinen Hut nehmen und die Redaktionen bestürmen, um sie zu bitten, dass sie ja kein Hosianna anstimmen. Schrecklich, dass dergleichen geschah, und dass Letzteres nöthig war — und es war nöthig!

Möge man Venedig was immer für Konzessionen machen, glaubst du wohl, es wird ein Italiener darüber erblassen? Werden die Blätter Gratulationsartikel schreiben? Und wird man müssen in Paris einen Menschen bei den Redaktionen die Runde machen lassen, um sie anzuflehen, dass sie keine Hosianna singen?

„Woher dieser Unterschied? Weil jeder Athemzug der von dir gerühmten ungarischen Bewegung darauf hinweist, dass sie k e i n e L o s r e i s s u n g s - , sondern A u s g l e i c h s - , keine r e v o l u t i o n ä r e , sondern eine k o n s t i t u t i o n e l l e Tendenz hat, weil, so wie man in den Wald ruft, es aus dem Walde heraushallt; so wie der Charakter der ungarischen Bewegung in die öffentliche Meinung der Welt hinausgeschrien hat, so schallt die öffentliche Meinung der Welt zurück.

„Lass mich dir eine Thatsache erzählen.

Der Oesterreicher, den Du für einen Poltron hältst, den ich aber als dumm und aufgeblasen kenne, Oesterreich fürchtet nicht dass Ungarn revoltirt, denn es sagt: Die Aristokratie und der grösste Theil der Mittelklasse wollen keine Revolution: das Volk aber ist eine träge Masse, mit der eine revolutionäre Minorität nichts erreichen kann, denn sie hat kein Geld und keine Waffen'). Dies ist die Ansicht des Wiener Hofes. Es wäre sonderbar, wenn die Führer der Bewegung, die sich in Wien frei bewegen können, aus dem Lager des Gegners nicht einmal so viel wissen sollten, als ich, der elende Exilirte weiss, aber sie mögen es nun wissen oder nicht, so viel muss auch ein Kind wissen, dass man ohne Waffen nicht kämpfen kann.

„Nun gut. Ich bin kein Freund von Konspirationen, dort wo es ein Paris gibt, wo man binnen drei Tagen durch einen kleinen Barrikadenkampf die Dynastie in einen Fiaker setzen und als

Avise „au large", schreien konnte — dort mag eine Konspiration am Platze sein. Anders bei uns, wo die Revolution ein grosser Krieg ist. Wir haben nicht konspirirt im Jahre 1848. Ich bin also kein Freund der Konspirationen, denn ich will keine Emeute sondern eine Revolution. Allein von einer Nation, die sich mit einer revolutionären Tendenz brüstet, verlange ich, dass Alle, oder doch mindestens Viele oder in G o t t e s N a m e n Einige *) von dem Ziele, nämlich von der Revolution instinktmässig (!) durchdrungen seien, und instinktmässig auf dasselbe losgehen; ja ich fordere, dass ihrer Viele seien, die in ihrem Kreise von fünf, sechs, zehn Personen über das zu Beginnende Gedanken austauschen und zum Bewusstsein gelangen.

„Eh bien! Wie stehen wir damit? Zweihundertdreiundfünfzig Ungarn kehrten in deinem Hause ein — wackere, gute Jungen, wie ich aus deinen Briefen vermuthe. Wie viel waren nun unter ihnen, die zu dir sagten: unsere Nation p a k t i r t um k e i n e n P r e i s mit den Deutschen, wir werden kämpfen, sobald sich eine gute Gelegenheit dazu darbietet; allein zum kämpfen braucht man Waffen —bekommen wir welche, bekommen wir keine? Gott weiss. Der Kluge trifft Vorbereitungen, der Dumme wartet mit aufgesperrtem Maule die gebratene Taube; wir haben mit ein, zwei, drei, zehn Freunden Unterredungen gehabt — hier sind 100, 500, 1000 fl.; — aber ich habe mit Niemanden gesprochen, hier sind meine zehn Groschen, lege sie weg; auch Andere werden kommen, auch andere werden bringen; denn ein Geist, ein Wille beseelt uns; lege sie weg und kaufe zu seiner Zeit Waffen in Lüttich und sende sie an die Grenze (!); — möglich, dass wir sie nöthig haben werden.

„Wie viele haben dies gethan? Nicht Einer. Aber für die Akademie, das bezweifle ich nicht, hat Jeder etwas gespendet; für die Kazinczy-Statue hat Jeder getanzt,**) L......., jener Mensch, der im November 1848. nach Rom reiste, und mich beim Abschied

---

*) Und wie soll man das dann nennen, wenn blos E i n i g e g e g e n d e n W i l l e n d e r M e h r h e i t d e r N a t i o n künstlich eine R e v o l u t i o n m a c h e n? Und wie brandmarken unsere vaterländischen Gesetze dergleichen Bestrebungen?

**) Das ist der echte, revolutionäre Cynismus!

damit tröstete (der Narr!) dass ich König werden solle, wenn wir die Österreicher vertreiben, dieser Lopressti hat für den Akademiepalast 45,000 fl. gespendet! Du freust dich in deinem Briefe an Laczy sehr darüber; ich aber sage : Gott erbarme sich unser! Wir hätten 2000 Gewehre dafür kaufen können!! *)

Ich sage noch mehr : Wir fragten Gy., ob ihr mit den Serben in Berührung seid? Nein! — Mit den Kroaten? Nein! — Mit den Walachen? Ich weiss nicht! Was ist mit den Komitaten jenseits der Donau geschehen? Noch nichts! Warum thut ihr das Alles nicht? Ihr braucht Geld dazu und habt vielleicht keines? Wir haben keines! Und wie viel würdet ihr denn brauchen? 100,000 Franks wären hinreichend. Und sie haben keine 100,000 Franks! Sie erwarten sie von uns! Und wenn sie früher einen Courier mit Berichten zu mir sandten, borgten sie sich 100 Pfund Sterling auf mein Conto aus, und schickten mir's auf den Hals, (ich bezahlte es), oder sie verkauften meinen in Pest zurückgebliebenen Wagen und schickten mir für den Erlös Berichte! Für den Akademiepalast aber haben sie soviel Geld, dass sie, wie Du mir schreibst, noch zwölf Filialen bauen könnten.

Und Du sprichst mir davon, dass die Bewegung eine revolutionäre, und ich ein Imaginarius (?) sei; dass ich die Nation beleidige, wenn ich ein Paktiren mit Oesterreich für möglich halte?

Erwache, Mensch, um's Himmels willen, erwache! denn durch den Taumel deiner guten Seele wiegst du dich selbst in Schlummer. Sporne durch deine Lobsprüche diese verfehlte Richtung nicht noch mehr an! So retten wir das Vaterland nicht!

Die Bewegung, so wie sie ist, als nationale und konstitutionelle, ist ruhmwürdig, erhaben. Als revolutionäre Bewegung jedoch, als Vorbereitung für die jeden Ausgleich ausschliesende Unabhängigkeit ist sie zum verzweifeln!

Ich missbillige, verdamme, bekämpfe ihre ganze Richtung.

Doch das steht damit nicht im Widerspruche, dass ich deine Thätigkeit in der Presse mit grösster Würdigung anerkenne. Du hast dir den Dank der Nation verdient. Gib dich jedoch über die

---

*) Damit man sie dann an der Grenze konfiszire, wie es mehrmals geschah!

Natur deiner segenswürdigen Arbeit keinen Illusionen hin; der Werth deiner Bemühungen besteht darin, dass Du 1. die Unzufriedenheit unseres Vaterlandes mit seinem gegenwärtigen Zustande Europa beständig vor Augen hieltst, und dadurch die Frage zu einer europäischen Tagesfrage reifen halfst, und 2. dass Du hiedurch belebend auf die Nation zurückwirktest.

Das sind grosse, schwerwiegende, glänzende Verdienste. Ich ziehe den Hut vor deinem Takte. Wenn Du aber glaubst, tonangebend auf die nationale Bewegung gewirkt zu haben, so irrst Du schrecklich. Das hast Du nicht gethan, das zu thun sind wir nicht im Stande, weder Du, noch Laczy, noch ich, keiner von uns, wenn wir nicht Geld senden, Waffen schicken, mit einem Heere nach Hause kommen. Du theilst jene Richtung nicht. Wenn Du sie theiltest, würde ich dich nicht vor Illusionen warnen, sondern eines Verbrechens anklagen. Du bist so weit entfernt jene Richtung zu theilen, dass Du Dich auch bei mir darüber beklagtest, die Instrucktionen deiner Komittenten desavouirten die Revolution.

Gestatte mir, dass ich, ein Wenig von deinem Briefe abgehend, etwas erwähne, was ich für das Wichtigste vom Ganzen halte. — Nach den Bewegungen im Vaterlande zu urtheilen, erscheint mir die Zukunft derart, dass der Unabhängigkeitskampf — es sei denn, dass ausser aller menschlichen Berechnung liegende Zufälle eintreten, — erst dann wieder wird aufgenommen werden können, wenn wir der Nation im Auslande eine Stütze, respektive Hilfe verschaffen können; denn sonst wird es daheim keine Revolution geben sondern nur eine Emeute, welche man noch unterdrückt, ehe wir zu Hause eintreffen können, um die G e f a h r zu theilen.

Aber selbst wenn ich glauben würde, dass die Nation keiner Hilfe von Aussen bedürftig ist, so wünscht doch sicher selbst der sanguinischeste Ungar, dass sich im Auslande solche Kombinatinen realisiren mögen, welche fähig wären, die Gefahren des Kampfes zu vermindern, die Leiden, die in seinem Gefolge einhergehen, zu mildern, und die Wahrscheinlichkeit des Erfolges zu erhöhen.

Ich gehe nicht in die Details ein. Grosse Dinge sind mit grosser Verantwortung verbunden, und wo eine grosse Verantwortung existirt, da ist falsche Bescheidenheit eben so sehr eine Sünde *), wie die prätensive Eitelkeit eines Szemere.

Wenn im Auslande, und besonders in Paris und Turin für unser Vaterland etwas geschehen kann, so ist dies nur durch uns drei, durch Laczy, K. und durch mich, möglich, weil wir in einem konstituirten, solidarischen (?) Verhältnisse zu den betreffenden Mächten stehen. Um jedoch mit Erfolg wirken zu können, ist es durchaus nöthig, dass das Vaterland unsere Stellung, unser Ansuchen unterstütze, und uns eine Basis, eine Stütze biete.

Die Mächte dürfen nicht blos von uns hören, dass wir uns für die Repräsentanten und Führer der Nation halten, sondern die öffentlichen Kundgebungen der Nation, die Stimme der Presse, die Erklärungen angesehener Individuen müssen sie immer und immer in der Ueberzeugung (?) bestärken, dass wir wirklich die Führer und Repräsentanten der Nation sind, dass, was wir sagen, die Nation sagt, was wir versprechen, die Nation verspricht, was wir verweigern, auch die Nation verweigert. Dann werden wir Gewicht haben, sonst aber haben wir nur so viel, als eben unsere winzige Persönlichkeit sich zu erringen vermag.

Nun, diese Stütze ist uns von der Nation, zu ihrem eigenen Besten, bisher nicht blos nicht geboten worden, sondern die Nation hat auch alles angewendet, um unseren Kredit zu verringern: unseren Einfluss zu untergraben.

Ich bedaure (?), dass ich auch noch besonders von mir sprechen muss, allein es ist dies patriotische Pflicht (?) und darum fort mit der falschen Bescheidenheit!

Es ist Thatsache (obwol eine drückende), dass mein Name kein Privatname, sondern ein Programm ist: das Losungswort einer Angelegenheit, eines Prinzips. Die revolutionäre, d. h. die Unabhängigkeitspartei, erwähnt man als Kossuthpartei. Im Auslande aber sind in der Presse, in der öffentlichen Meinung die Unabhän-

---

*) Also nur dies wäre eine Sünde? Und der Uebermuth, die Phantasterei, die Ambition, die Nation um jeden Preis nach der eigenen Einbildung beglücken zu wollen, selbst in dem Falle, wenn die Nation auf andere Weise glücklich werden will — dies Alles ist keine Sünde? Also nur für die Sünde der falschen Bescheidenheit hat L. K. ein so zartes, so empfindliches Gewissen?

gigkeitsbestrebungen an meinen Namen, wie an eine Fahne, geknüpft *), und ich ernte dafür Beifall oder Spott, je nachdem der Sprechende Freund oder Gegner der ungarischen Unabhängigkeitsidee **) ist. Von hier, als vom Gesichtspunkte der Thatsache, ausgehend, muss ich eine Thatsache konstatiren.

Du schreibst mir in deinem Briefe mit Emphase: „der Magnat, der Adelige, der Bürger, das Volk, Alle, Alle halten an dir, lieben dich, vertrauen auf dich, erkennen dich als Führer an."

Missverstehe mich nicht, ich sehne mich nicht nach Gesellschaft, sie ist mir eher lästig, denn ich bin in meinem Elende sehr ungefällig geworden, — und dann bin ich arm, ich bin nicht in der Lage häufig zu empfangen.

Allein so gewiss, als zweimal zwei vier ist, so gewiss ist es, dass, wenn die Sache, das Prinzip, deren Banner zu sein mich die öffentliche Meinung zwang (?), so heiss in allen Klassen der Gesellschaft verehrt würden, die Anhänger der Fahne dieser nicht ausweichen würden, wie der Pest. Von jenen 253 Ungarn, die dein Haus besucht haben, sind viele, und besonders viele Magnaten, auch nach London herübergekommen. Meinem Hause ist jedoch während eines Dezenniums ein ungarischer Magnat niemals auch nur nahe gekommen; von den Leuten mittleren Standes kamen einige Wenige, sehr Viele kamen auch nicht; die Söhne des Volkes aber kamen Alle, vom ersten bis zum letzten.

Diese nackte Thatsache hat positivere Beweiskraft als alle Homilien, Versicherungen und Briefe. Sage nicht, es wäre gefährlich gewesen, eine Stunde lang dieselbe Luft mit mir einzuathmen. Vor Jahren, als daheim die Strenge noch eine viel grössere war, besuchte mich V . . . . aus Abauj (ich hatte ihn früher nicht gekannt)

---

*) Es war dies nur der Fall, und zwar ebensosehr mit Recht, als rühmlich. Da jedoch die Unabhängigkeit seit dem 1867-ger Ausgleiche der Nation bereits verwirklicht ist, verbindet sich mit diesem, in der Geschichte der Vergangenheit so glänzenden Namen gegenwärtig nur mehr der Begriff des nutzlosen, revolutionären Kitzels.

**) Auch dies kann nur von der Vergangenheit gehalten; von der Gegenwart, jetzt, müsste er so schreiben: „ich ernte dafür Beifall oder Verdammung, je nachdem der Sprechende Freund oder Gegner der (unnöthigen, leichtsinnigen, den sicheren Ruin verursachenden) Revolution ist."

während seines hiesigen Aufenthaltes häufig. Einmal kam er gerade, als ich mich anschickte mit meiner Frau auszugehen. Er bat um die Erlaubniss, uns begleiten zu dürfen; ich ersuchte ihn, dies nicht zu thun, denn man würde ihn dafür zu Hause einsperren. „Ich weiss dies, sagte er, aber ich würde vor Gott und mir selbst erröthen, wenn ich es nicht wagen würde, einigen Monaten Gefängniss trotz zu bieten, und aus Furcht meine Grundsätze und die Gefühle meines Herzens verläugnete." Man sperrte ihn ein, und er ist noch stolz darauf. — Später wurde Niemand mehr eingesperrt, mit S. K. und Domherrn D. brachte ich zwei Tage in Interlaken zu: wir dinirten zusammen, und machten öffentliche Ausflüge miteinander. Sie erzählten es zu Hause Jedem, der es hören wollte, — man sperrte sie nicht ein.

„Enfin — dieses allgemeine, absichtliche Ausweichen von Seiten gewisser Klassen ist unaussprechlich charakteristisch. Ich brauche ihren Besuch nicht, ja wenn sie jetzt, nach zehn Jahren, anfangen würden mich zu besuchen, so würde ich es als Beleidigung aufnehmen. So viel aber sage ich: die höheren Klassen, statt dass sie gestrebt hätten im Auslande meinen Einfluss zum Besten des Landes zu erhöhen, daheim aber mit der Sache, deren Banner ich bin, sich zu identifiziren, vermieden jede Berührung mit mir wie eine Sünde. Dann vertraue auf sie! Aber das ist noch nicht genug.

„Széchenyi war nicht der Gegner meiner Person, sondern der Sache, die ich vertrat und vertrete. Er stand in unversöhnlicher Opposition mit unserer Partei, unseren Prinzipien, unserer Politik. *) Er starb. Er war der Prometheus des geistigen Erwachens des Landes, der Schöpfer seines materiellen Fortschrittes, und die Stütze seiner Nationalität. Desshalb verehrte ich ihn stets als den grössten Ungar unserer Zeit, trotzdem er mich tausendmal verletzt hat, — und als diesem huldige ich seinem Angedenken. Er verdient reichlich die nationale Trauer und Alles, was eine Nation dem Andenken ihres grössten Sohnes weihen kann.

---

*) Das ist nicht wahr. Széchenyi stand vor 1848 mit den **Prinzipien der Partei**, der auch Kossuth angehörte, nicht in Opposition, denn diese Prinzipien waren nicht revolutionär, und mit Deák zum Beispiel war er bis zuletzt Eines Sinnes. Er setzte sich gegen die **Manier** Kossúth's, die er für revolutionär gefärbt hielt, in Opposition.

„Seine Parentation trug aber die Weltpresse auf ihren Millionen Flügeln durch die vier Weltgegenden, als die jenes Mannes, welcher der mächtigste Gegner unseres Banners gewesen; er wurde so dargestellt, dass alles Unglück, welches unser Vaterland getroffen, darauf zu reduziren sei, dass die Nation in der Stunde der Entscheidung nicht ihm, sondern mir folgte; und man stellte ihn nicht dar als denjenigen, der in den Reihen der Nation damals den Rückzug verursachte, als das Zusammenhalten Ungarn auf ewig gross, berühmt, frei gemacht haben würde.

Achtet die Nation, achtet sie jetzt darauf, dass Széchenyis Apotheose nicht so erscheine, als ein nationales Desaveu unserer Politik, unserer Tendenz, unseres Banners, als ein Desaveu der vergangenen Revolution, folglich als deren Renunciation? Nicht bloss, dass sie hierauf nicht achtete, sondern diese Apotheose steht geradezu als ein solches Desaveu vor der ganzen Welt da.

Und was thatest Du in der Presse, um sie und die Welt auf den rechten Weg zu weisen und sie zu belehren, dass die Verehrung und der Dank, welche die Nation mit Recht dem Andenken Széchenyis schuldet, nicht dahin gedeutet werde, als ob die Nation die Fahne verlassen hätte, mit der die Geschichte meinen Namen identifizirte? Was thatest Du? Nichts!

„Und so nicht blos verlassen, sondern desavouirt, sollen wir noch bei den Mächten einen Einfluss haben! Ich bitte Dich, denke Dir doch einmal, wenn alle betitelten und nicht betitelten Notabilitäten, die im Auslande reisten, zum Prinzen und zum Kaiser gegangen wären, (was wir leicht hätten bewirken können) und gesagt hätten: „Ich bin gekommen, um Sie zu vergewissern, Sire, dass wir mit den Oesterreichern nicht paktiren, dass die ungarische National-Regierung (so nennt er das Revolutionskomité, welches er, Telcki und K. gründeten) so, wie sie konstituirt ist, das ungetheilte Vertrauen der Nation besitzt, dass die Nation es als Führer anerkennt; ich bin gekommen zu sagen, dass das, was es spricht, die Nation gesprochen, was es zusagt, die Nation zugesagt hat." Denke Dir, wie gross unser Einfluss nach solchen Aeusserungen bei den Mächten gewesen wäre. Hat das Jemand gethan? Niemand! Und dann erwarten sie, dass wir Ihnen auswärtige Hilfe verschaffen! Merci. — — — Gott mit Dir! Dein Freund Kossúth."

Bedarf wohl das, was Ludwig Kossuth mit so unwiderleglicher Kraft selbst bewiesen hat, noch eines grösseren Beweises, dass nämlich die ungarische Nation selbst damals nicht revolutionär war, als sie durch den Absolutismus unterdrückt, gequält, von Allem, selbst ihrer Sprache, ihrer Nationalität beraubt, so sehr berechtigt war, revolutionär zu sein? Und um so weniger ist sie selbst revolutionär, da sie ihre Konstitution wieder hergestellt, ihre Unabhängigkeit wieder erlangt hat, da sie ihre innern Angelegenheiten durch eine verantwortliche Regierung, die gemeinsamen Angelegenheiten jedoch, welche auch von den 48-er Gesetzen anerkannt und Jahrhunderte hindurch ausschliesslich von den deutschen kaiserlichen Ministern nach ihrer Willkür geleitet wurden, im Einverständnisse mit den übrigen Völkern des gemeinsamen Herrschers, unter gleichem Einflusse, auf Grundlage der Parität erledigen lassen kann und faktisch auch erledigen lässt.

Nachdem es also durch Ludwig Kossuth selbst anerkannt, ja sogar unwiderleglich bewiesen worden ist, dass die ungarische Nation nicht revolutionär sei, wozu dann noch ferner die Fahne der Revolution schwingen? Wenn also — was K. selbst so siegreich dargelegt hat, — in dem Volke keine revolutionäre Neigung vorhanden ist, wie sie denn auch wirklich weder in der Aristokratie, noch in den mittleren Ständen, also mit einem Worte in der Intelligenz existirt, — warum bestrebt sich L. K. dasselbe mit aller Kraft in die Revolution zu jagen? Die Intelligenz wird er nicht auf seine Seite bringen können, denn sie klammert sich mit patriotischer Hoffnung an ihr gegenwärtiges Entwicklungsstadium, weil dieses, trotzdem es noch in einzelnen Details mangelhaft ist, dennoch auf gesunder Basis ruht; und sie sieht die Nothwendigkeit der Revolution nicht ein, weil die da und dort wahrnehmbaren Fehler auch auf parlamentarischem Wege auszubessern, die Mängel zu ergänzen sind. Das Volk kann zwar durch die Agitatoren, die im Trüben fischen möchten, auf eine kurze Zeit verleitet werden; aber die Bewegung, die K. durch das einfältige Volk allein zu Stande bringen will, wird keine Revolution sein; sie wird vielmehr blos eine Emeute, eine unrühmliche Empörung sein, die über unser Vaterland, welches so lange nach Erholung sich sehnt, und sich endlich zu erholen beginnt, schreckliches Unglück bringen kann, die jedoch mit dem Verderben Tausender rasch erstickt sein wird, noch ehe Ludwig Kossuth selbst nach Hause kommen konnte, um „die Gefahr zu theilen."

Wenn er selbst „unter der Fahne des Abfalls, der Revolution, der sein Herz und seine Ueberzeugung zugeschworen, als lebendiger Protest gegen die österreichische Usurpation leben, und unter ihr sterben will," — nach Belieben! Er hat das Recht dazu in seiner freiwilligen Selbstverbannung; aber von dorther sich in die Angelegenheiten des Landes einzumischen, das Volk gegen den legalen Ausdruck des nationalen Willens aufzureizen, zur Empörung zu hetzen, dazu können ihn weder Gott, noch Mensch, noch sein eigenes Gewissen berechtigen.

Ludwig Kossuth war in der Vergangenheit, wenn seine revolutionären Ziele es nöthig machten, keineswegs immer konsequent und principientreu; je nach den Umständen wechselte er auch seine auf fester Überzeugung beruhenden Prinzipien, ja er verzichtete auch auf einige der Gesetze von 1848, wie ich dies aus mehreren seiner Briefe beweisen könnte. Der Kürze wegen zitire ich jedoch blos aus einen Briefe vom Februar 1860 den Passus, in welchem er sagt: „die ungarische Nationalregierung gibt ihre Zustimmung, und bietet ihren Einfluss dazu an, dass man die Form der zukünftigen Verwaltung Siebenbürgens von dem Beschlusse der, durch direkte Abstimmung sich äussernden Majorität des siebenbürgischen Volkes abhängig betrachte."

Wie dieses Zitat beweist, hat er sich zur Erreichung revolutionärer Zwecke früher nicht blos über seine Prinzipien, sondern auch über die 48-ger Gesetze hinausgesetzt. Jetzt indessen hält er, nach dem Fünfkirchner Brief, sehr viel auf Prinzipientreue, auf Konsequenz. Wir schenken dieser seiner Erklärung den vollsten Glauben, und indem wir ihn beim Worte nehmen, bitten wir ihn, er möge auch jenem Prinzipe treu bleiben, welches er im ersten der oben zitirten Briefe so richtig ausgedrückt hat, nämlich: „wenn der Nation das Ziel, die Politik (von welcher die Rede war) gefallen, gut, so möge sie zusehen;" — „wenn die Nation etwas thut, möge sie es immerhin thun; er, L. K. werde es dulden; er werde sich niemals der Nation entgegensetzen, aber sie möge ohne ihn thun, was sie thut," — „möge die Nation dies thun, wenn es ihr beliebt: er, L. K. steht ihr nicht im Wege. Die Nation sei der Herr;" — oder indem er sagt: wenn die Wiederherstellung des konstitutionellen Zustandes den Willen des Landes befriedige, — dann würde er sich nicht länger als von den Österreichern, sondern als von seiner eigenen Nation ausgewiesen betrachten."

Wir bedauern ihn und ich, der ich siebzehn Jahr hindurch das bittere Brod der Verbannung mit ihm getheilt habe, bedaure ihn besonders, wenn er sich in Folge seiner Konsequenz und Prinzipientreue verpflichtet fühlt, in der Verbannung zu bleiben; aber im heiligen Namen der nüchternen, durch den Ausgleich beruhigten, und auf der gegründeten Basis eine glücklichere Zukunft erhoffenden

Nation bitten wir ihn, er möge im Interesse der Ruhe der Nation auch jenem Prinzipe treu bleiben, welches gegen seine revolutionären Agitationen die Nation als Herrin ihres eigenen Geschickes anerkennt. Nur so kann er sich in der Geschichte den Glanz bewahren, den er in der Vergangenheit seinem Namen erworben; während er denselben im entgegengesetzten Falle durch seine revolutionären Agitationen verdunkeln, und das, was ehedem Gegenstand der Pietät war, zum Gegenstand schwerer Anklagen, gerechten Tadels, ja sogar des Fluches machen würde.

Er wird sich vielleicht noch erinnern, oder wenn er die Kopien seiner Briefe besitzt, kann er es auch lesen, dass er in einem der lezteren, welchen er am 27. Mai. 1860 von London aus an Ladislaus Teleki gerichtet hatte, mit grosser Indignation die Zumuthung zurückwies, welche Jósika aus der Heimath zugekommen war, dass man nämlich „seinen Emissären schon genug gezahlt, von seinen amerikanischen Papieren schon genug genommen habe." Für den Fall, dass er sich nicht mehr daran erinnern und auch die Kopie seiner Briefe nicht besitzen sollte, will ich seinem Gedächtniss nachhelfen, denn ich besitze die Kopie. Er sagt darin unter anderem, dass derjenige, gerade herausgesagt, lügt, der behauptet, es habe seinen (K.'s) Emissären irgend Jemand zu Hause jemals auch nur einen Pfennig gegeben." Er erzählt im Gegentheile, dass man die Boten, wenn man welche schickte, immer auf seine Kosten zu ihm hinausgeschickt habe. So habe man, als man einen achtbaren Israeliten, Namens Horváth, zu ihm sandte, von Holzhändler L..... 1000 fl. auf L. K.'s. Rechnung aufgenommen, die Rechnung ihm zur Bezahlung auf den Hals geschickt, und er habe sie auch bezahlt. Er erzählt, dass durch diesen Boten das heimische Komité („welches nicht er ernannte") von ihm amerikanische Noten im Nominalwerthe von einer Million verlangte, dass er die Summe mit Figyelmessy nach Belgrad gesandt habe, und dass ihm die Sendung auf 2000 fl. K. M. zu stehen gekommen sei. Er erzählt, wie viel ihm jene Boten gekostet hätten, welche man aus dem Vaterlande mit der dringenden Mahnung zu ihm schickte, er möge je nach der Wendung der politischen Konjunkturen im Auslande bald dies, bald das thun; wobei man ihn mit der Bereitschaft zum Aufstande, mit kompletten Organisationen, mit der Ausflucht, man könne nicht länger warten, aufgemuntert hätte*); wie er es für ein Verbrechen gehalten habe, auch nur eine Gelegenheit vorübergehen zu lassen, ohne dass er versucht hätte, die ungarischen Konjunkturen zum Nutzen des Vaterlandes zu wenden." Er habe mindestens 100,000 fl. für die, zur Erreichung jener Zwecke in Konstantinopel und Belgrad unterhaltenen Agenten und für die Bereisung der italienischen Garnison ausgegeben. Er erwähnt ferner, dass man von dem Gelde, welches seine Frau erspart und seine Mutter zu sich genommen hatte, um es hinauszubringen, der letzteren 6000 fl. C. M. für inländische Bewegungen erpresst habe u. s. w.

Aus diesen Zitaten kann L. K. ersehen, dass ich die Kopie des Briefes besitze. In diesem nun kömmt wörtlich folgende Stelle vor:

„Ich brüste mich mit meinen Opfern nicht, ich verlange keine Anerkennung für sie, und rechne sie mir auch nicht zum Verdienste an ; wenn ich alles, sogar meine Vaterpflichten dem Vaterland auf-

---

*) Seit ich zu Hause bin, habe ich mich in den verschiedensten Gegenden und bei den verschiedensten Leuten erkundigt, und überall gehört, dass man von dergleichen Organisationen gar nichts wisse ; und dass sie höchstens aus der Aufstachelung einiger Honvédoffiziere bestehen konnten. Vielleicht bekömmt L. K. auch gegenwärtig von seinen Getreuen Nachricht über dergleichen Organisationen. Es wäre Schade — er darf es glauben — für diese auch nur einen Heller auszugeben. Ein Beispiel ist Asztalos.

opfere, so habe ich nur meine einfache Pflicht erfüllt und damit Punktum. Aber dass man nicht blos meine Pflichterfüllung nicht anerkennt, sondern dass die Leute zu Hause dadurch der Erfüllung ihrer Pflichten entschlüpfen möchten, dass sie mir undankbar, ungerecht das andichten, was sie mir nach Jósika's Bericht andichten, das ist etwas so Verabscheuungswürdiges, dass es mich in tiefster Seele verstimmt und den Entschluss, den mir die Umstände immer mehr und mehr gebieten, noch beschleunigen wird, dass ich nämlich meine politische Laufbahn als definitiv abgeschlossen betrachte."

„Zu diesem Entschlusse drängen mich alle Umstände. Du glaubst, dass sie sich tröstlich gestalten — — ich sehe das Gegentheil, — seit zehn Jahren war ich noch niemals so hoffnungslos in Hinsicht auf die Zukunft meines Vaterlandes, als ich es jetzt bin. Und der Grund hievon ist das Urtheil, welches ich über die konsequent logische Richtung der vaterländischen Bewegung hege."

Und indem er das in den obigen Briefen Enthaltene wiederholt, schliesst er seinen Brief folgendermassen:

„Das Ende des Syllogismus ist dies: ohne auswärtige Hilfe wird es im Vaterlande keinen Revolutionskampf geben; auswärtige Hilfe können wir nicht herbeischaffen*), ohne diese wird das Vaterland paktiren, und so naht der Moment, in welchem mir nichts mehr übrig bleibt, als zu sagen: Ich habe den Sand meiner Laufbahn reichlich mit Schweiss befeuchtet — meine Laufbahn ist zu Ende.

Nun, die Umstände, das Interesse der Heimath, der gesetzlich ausgesprochene Wille der Nation befehlen ihm jetzt den Entschluss an, seine politische Laufbahn für abgeschlossen zu betrachten. Das Vaterland hat schon pactirt, und der Moment ist da, seine obigen Worte

---

*) Und wenn er sie auch herbeischaffen könnte, und der Revolutionskampf begänne, dann Wehe dem armen Vaterlande! Beim Ende des Kampfes könnten wir wahrscheinlich mit Kosziusko sagen: Finis Hungarie!

zu sagen: er hat den Sand seiner Laufbahn reichlich mit Schweiss befeuchtet — seine Laufbahn ist zu Ende!"

Wir nehmen ihn beim Worte! Und wir rechnen darauf, dass er es halten wird. Und nun Gott befohlen!